100 RECETTES POUR VOTRE BÉBÉ

Nectarine et cerise (p. 35)

100 RECETTES
POUR VOTRE BÉBÉ

Christine Bailey

LES MEILLEURES RECETTES NATURELLES ET SIMPLES À PRÉPARER

97-B, Montée des Bouleaux, Saint-Constant, Qc, Canada, J5A 1A9
Tél. : 450 638-3338   Téléc. : 450 638-4338
Internet : www.broquet.qc.ca   Courriel : info@broquet.qc.ca

Catalogage avant publication de Bibliothèque et Archives nationales du Québec et Bibliothèque et Archives Canada

Bailey, Christine, 1970-

    100 recettes pour votre bébé

    (Top 100)

    Traduction de : *The top 100 baby food recipes.*

    Comprend un index.

    ISBN 978-2-89654-239-0

    1. Cuisine (Aliments pour nourrissons). 2. Aliments pour nourrissons.
3. Nourrissons – Alimentation. I. Titre. II. Titre : Cent recettes pour votre bébé.

TX740.B33514 2012   641.5'6222   C2011-941262-4

Titre original : *The Top 100 Baby Food Recipes*
Copyright © Duncan Baird Publishers, 2011
Text copyright © Christine Bailey, 2011
Commissioned photography © Duncan
Baird Publishers, 2011

Pour l'édition française
© 2011 LEDUC.S Éditions
17, rue du Regard
75006 Paris – France
E-mail : info@editionsleduc.com
Traduction : Julie Dufour

Pour l'édition canadienne en langue française
Copyright © Ottawa 2011, Broquet inc.
Dépôt légal — Bibliothèque et Archives nationales du Québec
4ᵉ trimestre 2011

Éditeur : Antoine Broquet
Conception de la couverture par Brigit Levesque
Infographie : Sandra Martel

Photos de la page couverture :
© Oana Stoica | Dreamstime.com (haut)
© Adam Borkowski | Dreamstime.com (bas à droite)
© Viktorija Kuprijanova | Dreamstime.com
  (bas à gauche)

ISBN 978-2-89654-239-0

Imprimé en Malaisie

sommaire

LES SYMBOLES

Convient aux végétariens : la recette ne contient ni viande ni poisson ni fruits de mer et pas de produits animaux (type gélatine).

Sans gluten : la recette ne contient pas de gluten, une protéine allergisante présente dans le blé, le seigle, l'orge et l'avoine.

Sans blé : la recette ne contient pas de blé ou de produits dérivés du blé. Le blé est un allergène courant.

Sans produits laitiers : la recette ne contient pas de produits laitiers, qu'ils soient issus de vache, de chèvre ou de brebis.

Sans œufs : la recette ne contient pas d'œufs (ni blanc ni jaune) ni de produits à base d'œufs. Les œufs sont un allergène courant.

Sans noix : la recette ne contient ni noix ni huile de noix ou autres produits dérivés. Les graines peuvent remplacer les noix.

Sans graines : la recette ne contient pas de graines. Le sésame est un allergène courant présent dans la crème de sésame, base du houmous. Vous pouvez remplacer les graines par des noix.

Sans citron : la recette ne contient ni citron ni zeste ni acide citrique.

Sans sucre : la recette ne contient pas de sucre ni de produits sucrés (miel, sirop d'érable…).

Sans soja : la recette ne contient pas de produits à base de soja (tempeh, sauce soja, tofu, miso, lait de soja ou yaourt au soja). Le soja est un allergène courant.

INTRODUCTION

À partir du moment où votre bébé naît, vous vivez d'innombrables «premières fois»: la première fois qu'il vous regarde, son premier sourire, sa première dent. Maintenant, bienvenue à ses premiers repas «solides». Nourrir votre bébé avec une alimentation saine est l'un des plus beaux cadeaux que vous puissiez lui faire. De nombreuses études montrent que ce que les bébés mangent durant leur première année affecte profondément leur croissance, leur développement et leur santé générale, pas seulement maintenant, mais pour toute leur vie. De plus, si vous commencez très tôt à donner à votre bébé une alimentation saine et variée, vous pouvez influencer ses préférences et ses papilles gustatives. Vous allez encourager son ouverture d'esprit en diversifiant son alimentation et, très important, il sera plus enclin à choisir une nourriture saine en grandissant.

À PROPOS DE CE LIVRE

Que ce soit votre premier bébé ou non, le sevrage est une étape difficile, on se sent seule, désarmée... et c'est là qu'intervient ce livre. Ce guide déborde d'informations pratiques et de recettes délicieuses pour rendre la transition entre le lait exclusif et l'alimentation solide aussi facile et agréable que possible. Rempli de conseils nutritionnels et d'astuces concrètes, il vous aidera à choisir les meilleurs aliments pour votre bébé.

Ce livre est divisé en fonction des étapes que Bébé et vous aurez à franchir: une première étape avec des purées et des soupes légères; une deuxième étape consacrée aux purées plus consistantes; enfin une dernière étape qui réunit petits déjeuners, plats principaux et desserts. Le but est d'initier votre enfant à des saveurs qu'il appréciera tout au long de sa vie.

Toutes les recettes vous encouragent à utiliser des aliments sains et frais, et toutes sont préparées avec des ingrédients riches en saveurs et en nutriments. La plupart des recettes peuvent être congelées en portions individuelles pour vous permettre d'avoir à tout moment des repas pratiques et sains sous la main.

POUR COMMENCER

L'idéal est de donner exclusivement du lait maternel ou en poudre jusqu'à 6 mois. Le lait maternel constitue le meilleur aliment possible pour le nouveau-né car il contient tous les nutriments dont il a besoin, et dans les bonnes proportions. Les études montrent qu'introduire des aliments solides trop tôt – alors que les systèmes digestif et immunitaire du bébé sont encore en plein développement, occupés à fabriquer leurs propres anticorps – peut augmenter les risques d'allergies et d'intolérances alimentaires. Si vous avez l'impression que votre bébé pourrait être sevré avant 6 mois, sachez que l'OMS (l'Organisation mondiale de la santé) recommande d'attendre au moins ses 4 mois pour commencer. Les indications de l'OMS sont importantes, mais chaque bébé est unique et entre 4 et 6 mois, on ne peut pas vraiment définir de poids ou d'âge clé qui signale que le temps du sevrage est arrivé. À 6 mois, les besoins nutritionnels d'un bébé ne peuvent plus être satisfaits par le simple lait maternel ou en poudre, insuffisamment riche en fer. C'est aussi un moment important pour le développement physique de votre bébé, notamment de ses muscles faciaux. Encourager à mâcher peut ainsi aider au développement de la parole.

Au début de chaque chapitre, je vous propose un tableau de sevrage pour vous aider à mettre en place un programme alimentaire adapté et vous faciliter la vie. Utilisez ces tableaux comme des guides pour savoir quels aliments peuvent être introduits et à quel moment.

Équipement

Vous aurez besoin d'un cuit-vapeur et d'un mixeur ainsi que d'un moulin à poivre et d'une passoire pour éliminer peaux et matières

LES SIGNES DE SEVRAGE

Votre bébé est prêt à être sevré lorsqu'il montre plusieurs des signes suivants :

- Il demande du lait plus fréquemment ou apparaît agité ou insatisfait après une tétée ou un biberon entier.
- La faim le réveille la nuit alors qu'il dormait bien jusque-là.
- Il met des choses dans sa bouche et fait des mouvements de mastication.
- Si vous lui tendez une cuillère de riz, il la prend dans la bouche plutôt que de la repousser avec la langue.
- Il s'intéresse à ce que vous mangez.

D'autres signes montrent que votre bébé est physiquement prêt à être sevré. Par exemple :

- Il tient sa tête droite et en contrôle les mouvements.
- Il se tient bien assis lorsqu'il est soutenu.
- Il arrive à bien saisir les objets entre ses doigts.

fibreuses. Utilisez des bacs à glaçons stérilisés pour congeler les purées en petites portions ainsi que des pots en plastique congelables avec couvercles pour les portions plus grandes. Vous pouvez ensuite transvaser les cubes de purée congelée dans des sacs de congélation étiquetés et datés pour gagner de la place.

RÉALISATION

Une fois que vous avez l'équipement, il vous faut le savoir-faire. Voici donc quelques petites astuces.

L'achat et la préparation

Choisissez autant que possible des aliments bio pour votre bébé. Lavez les fruits et légumes et pelez-les, surtout s'ils ne sont pas bio. De toute façon, pelez même les produits bio car la peau renferme des fibres dures qui peuvent perturber la digestion de votre bébé. Coupez les fruits et légumes en morceaux de taille identique pour les cuire de façon homogène. Les purées de fruits ne devraient pas poser de problème puisque les morceaux vont directement dans le mixeur.

ATTENTION À LA PROPRETÉ

Pour garder la nourriture saine, suivez ces règles d'hygiène basiques :

- Stérilisez toutes les bouteilles, les tasses et les récipients. Le cycle le plus chaud de votre lave-vaisselle est suffisant pour les bols, les assiettes et les couverts.
- Lavez-vous les mains avant et pendant la préparation et lavez les mains de votre bébé avant qu'il mange.
- Utilisez des ustensiles différents pour les aliments cuits et crus et lavez-les à l'eau chaude savonneuse ou dans un lave-vaisselle sur un cycle chaud.
- Lavez les sols régulièrement, passez un coup d'éponge sur les chaises hautes, les tables et nettoyez les surfaces avec un spray antibactérien.
- Réfrigérez entre 1° et 5 °C et congelez en dessous de -18 °C. Conservez la viande crue en bas du frigo et emballez bien la nourriture pour éviter la contamination entre les aliments.

La cuisson vapeur

C'est la cuisson qui conserve le mieux les nutriments. Si vous n'avez pas de cuit-vapeur, utilisez une casserole avec un peu d'eau dedans. Portez à ébullition, puis réduisez la chaleur au minimum, mettez-y les aliments, couvrez la casserole, et faites cuire le moins longtemps possible.

Le mélange et les portions

Pendant l'étape 1 et le début de l'étape 2, mixez les aliments en une purée lisse. Plus tard, vous pourrez vous contenter de les écraser en petits morceaux pour encourager la mastication. Quelques végétaux riches en amidon comme les pommes de terre peuvent devenir un peu gluants si vous les mixez, hachez-les plutôt.

Toutes les recettes de ce livre vous indiquent le nombre de portions selon la phase de sevrage. Ce nombre est toutefois approximatif : une portion moyenne peut ne pas suffire pour un bébé qui a un gros appétit. De toute façon, votre bébé vous dira quand il en aura eu assez.

Conserver et réchauffer

Laissez refroidir les aliments avant de les couvrir et de les mettre au frais. Si vous congelez de la nourriture, emballez-la bien pour éviter les brûlures de gel et la contamination entre aliments. Ne recongelez jamais des produits décongelés. Réchauffez de manière à ce que ce soit brûlant puis laissez tiédir avant de servir. Ne réchauffez jamais un plat plus d'une fois.

LA DIVERSITÉ NUTRITIONNELLE

Lorsque vous commencez le sevrage, votre bébé continue à tirer la plupart de ses nutriments du lait mais, en quelques semaines, la nourriture solide va devenir son alimentation principale. Il a donc besoin des bons nutriments dans les bonnes proportions dès le départ.

Les vitamines et minéraux

Les aliments qui sont riches en vitamines, minéraux et antioxydants assurent un fonctionnement optimal des systèmes organiques de votre bébé, surtout de son immunité. Les vitamines A, B, C, D et E, le calcium, le magnésium, le fer, le zinc et le sélénium sont particulièrement importants. Chaque recette de ce livre mentionne ses bienfaits pour l'organisme en détaillant ses apports nutritionnels.

Des acides gras pour des cellules en bonne santé

Votre bébé a besoin de bons acides gras (oméga 3, 6 et 9) pour son cerveau et son système nerveux, ainsi que pour ses cellules. Les meilleures sources d'oméga 3 sont les poissons gras (thon, saumon, maquereau, sardine, truite et hareng), les fruits de mer, les huiles de chanvre, de pépins de courge, de noix ou de lin. Les viandes, les œufs et le lait fournissent également des oméga 3. On trouve des oméga 6 dans la plupart des noix, des graines et des avocats. Votre bébé a aussi besoin d'oméga 9, ou acides gras mono-insaturés, que l'on trouve dans les olives, l'huile d'olive, les avocats et l'huile de noix. Lorsque vous en serez à l'étape 3, intégrez deux portions de poissons gras par semaine à l'alimentation de votre bébé. Ajoutez alors des céréales et d'autres sources d'oméga 3 deux à trois fois par semaine.

Votre bébé a besoin d'acides gras saturés (dans la viande et les aliments non allégés) pour avoir des cellules en bonne santé, résister au froid et profiter des vitamines solubles dans les graisses (A, D, E et K). Attention toutefois à ne pas trop lui en donner, car les graisses saturées sont difficiles à digérer.

Des glucides pour l'énergie

À partir de l'étape 2, les glucides, ou hydrates de carbone, devraient représenter environ 60 % (deux ou trois portions) de l'apport journalier nutritionnel de Bébé. Les glucides complexes sont les plus riches en nutriments et en fibres. On les trouve dans les céréales complètes, les graines, les fruits et les légumes. Cependant, les bébés en dessous de 12 mois ne supportent pas les fibres en trop grande quantité. Donnez donc une association de produits complets et produits « blancs », c'est-à-dire des glucides simples.

Des protéines pour la croissance

À l'étape 3, Bébé doit manger au moins une portion de protéines animales ou deux portions de protéines végétales chaque jour, plus une ou deux portions de produits laitiers entiers. Donnez-lui des protéines qui fournissent les neuf acides aminés essentiels (ceux que l'organisme ne peut pas fabriquer lui-même), présents dans les produits animaux (viande, poisson, œufs et produits laitiers). Le soja et le quinoa fournissent des protéines végétales complètes.

DIVERSIFIEZ LES ALIMENTS

Les recettes ont été soigneusement planifiées pour introduire de la variété dans l'alimentation de votre bébé. Non seulement cela va éduquer ses papilles, mais ces recettes garantissent l'apport quantitatif nutritionnel adéquat. Certains aliments ne conviennent pas durant les premières étapes du sevrage, ainsi mes recettes ont été soigneusement élaborées pour éviter les allergènes courants (gluten, blé, produits laitiers). Elles évitent aussi autant que possible les aliments nocifs pour Bébé comme le sel, le sucre (y compris le miel pour les enfants en dessous de

12 mois), les additifs chimiques et les conservateurs (je pense notamment aux E110, E120 et autres E nocifs). Vous trouverez donc de nombreuses recettes sans gluten et sans blé, ainsi que des suggestions d'herbes, d'épices (pour le goût) et de fruits (pour une douceur sucrée naturelle).

LES ALIMENTS CONSEILLÉS ET CEUX À ÉVITER

Quelle que soit l'étape, il est important d'introduire des aliments sains qui réduiront les chances de votre bébé de développer des allergies. Au début de chaque chapitre, j'ai donc donné des listes d'aliments conseillés et à éviter. Ainsi, attendez l'étape 2 (7 mois) pour introduire les tomates (cuites), les produits laitiers, les œufs, le soja (en toutes petites quantités) et les graines. À la fin de l'étape 2, vers 9 mois, vous pourrez introduire l'avoine, qui peut contenir des traces de gluten (une conséquence de la contamination entre cultures avec des récoltes contenant du gluten). Intégrez d'autres graines à gluten (blé, seigle, etc.) seulement à l'étape 3.

CONTINUEZ À LUI DONNER SUFFISAMMENT DE LIQUIDE

Votre bébé devrait boire du lait maternel ou en poudre jusqu'à 1 an. Sinon, la meilleure boisson après le lait reste l'eau, qui contribue à une bonne digestion. Pour un bébé en dessous de 9 mois, l'idéal est de l'eau minérale adaptée aux nourrissons. Après cet âge, utilisez l'eau du robinet filtrée. Évitez de donner à votre bébé des boissons industrielles et diluez les jus de fruit frais dans dix fois leur volume d'eau (une seule fois par jour). Toutefois, si votre bébé est végétarien, son alimentation risque de manquer de fer. Un petit fruit ou un jus de fruit dilué au cours du repas peut l'aider à absorber le fer apporté par la nourriture.

LE TEMPS EST VENU…

Il reste une dernière chose à dire : faites-vous plaisir. L'initiation aux saveurs est un moment agréable pour vous et votre bébé. Ne vous faites pas de souci, lancez-vous avec confiance, votre bébé va adorer.

6-7 MOIS

À 6 mois, votre bébé est prêt pour les aliments solides. Cette première étape est une phase de croissance rapide et il est crucial qu'il mange des aliments sains pour son développement. Dans cette partie, vous trouverez tout ce dont vous avez besoin pour commencer cette initiation, à savoir un guide pour les deux premières semaines de sevrage ainsi que des purées délicieuses, nourrissantes et faciles à réaliser. Elles permettent toutes une bonne digestion et regorgent de nouveaux arômes stimulants. Commencez avec les purées à un seul ingrédient, comme la carotte ou la courge butternut cuite, avant de passer aux associations. Avec les purées de fruits, succès garanti : leur goût sucré naturel flatte instantanément les petits palais.

Betterave et grenade (p. 30)

Depuis sa naissance, Bébé n'a connu que le goût du lait. Pendant la première étape du sevrage, il reste la principale source d'énergie et de nutriments, il faut donc continuer à lui en donner. Le sevrage est un processus progressif. Son palais délicat doit s'accoutumer à des arômes forts qui, pour nous, sont habituels : les carottes, le brocoli, les poires, etc., sont tout nouveaux pour lui. La meilleure manière de faire accepter à Bébé ces premiers aliments solides est de les rendre les plus doux possible au goût et de choisir le bon moment pour les donner.

PREMIERS GOÛTS, PREMIÈRES TEXTURES

Comme premier repas idéal pour votre bébé, je recommande une demi-cuillère à thé de Riz pour bébé cuit et tiède (voir p. 20) mélangé à son lait habituel. Le goût est neutre, donc moins susceptible d'être rejeté et, sa texture étant assez fluide

(comme de la crème liquide), il est facile à avaler. Après deux jours de ce régime, vous pouvez essayer les premières recettes de cette partie. N'introduisez qu'une purée à la fois pour identifier facilement quel aliment entraîne un rejet. Après un jour ou deux d'un aliment, passez au deuxième, puis commencez les associations.

Allégez vos purées avec de l'eau minérale ou du lait maternel ou en poudre.

HEURES DES REPAS ET QUANTITÉS

Le tableau des repas (p. 18-19) vous accompagnera pendant les deux premières semaines de sevrage. Commencez toujours le sevrage lors du repas du midi (vers 11 heures, puis vous pourrez retarder vers 12 heures à l'étape 2), cela vous permettra de repérer toute réaction négative que votre bébé pourrait avoir.

Un repas solide constitué de seulement 1 à 2 cuillères à thé de purée par jour est suffisant la première semaine. Vous pouvez augmenter à 1 à 2 cuillères à soupe (l'équivalent d'un glaçon) la deuxième semaine, et proposer un peu d'eau (vers 17 heures) et une collation si votre bébé a faim. Au fur et à mesure qu'il prend l'habitude de « mâcher », augmentez progressivement les quantités. Il vous dira quand il en aura assez.

BESOINS EN LAIT

La quantité de lait maternel à donner dépend de l'âge de Bébé et de son poids. À 6 mois environ, un bébé consomme généralement 185-220 ml / 6-8 oz / ¾-1 t quatre fois par jour. Lorsque vous intégrez des aliments solides, les besoins en lait diminuent, mais la plupart des bébés ont encore besoin de 500-600 ml / 17-21 oz / 2-2½ t de lait par jour.

Étape 1 : Aliments conseillés / Aliments déconseillés	
Légumes	**Conseillés (cuits) :** betterave, brocoli, carotte, chou-fleur, céleri-rave, courgette, fenouil, panais, petit pois, pomme de terre, citrouille, courge, épinard, rutabaga, patate douce.
Fruits	**Conseillés (cuits) :** pomme, abricot, baies, cerise, goyave, poire, prune, grenade. **Conseillés (crus et mûrs) :** abricot, avocat, banane, figue, mangue, melon, pêche, papaye, prune, kaki ; fruits secs en petites quantités seulement. **Déconseillés :** agrumes, kiwi, fraise, tomate.
Protéines	**Déconseillés :** viande, volaille, poisson, coquillage.
Autres	**Conseillés :** Riz pour bébé (voir p. 20) ou riz normal cuit et réduit en purée. **Déconseillés :** céréales au gluten (avoine, seigle, orge, blé), œufs, produits laitiers, haricots et légumineuses, soja, sel, sucre, miel et édulcorants artificiels, bouillons salés et sauces, aliments transformés, noix, graines et huiles.
Liquides	**Conseillés :** lait maternel ou en poudre, eau minérale adaptée entre les repas.

ÉTAPE 1 : GUIDE DES PREMIERS ALIMENTS

Basez-vous sur ce tableau pendant les deux premières semaines de sevrage mais n'hésitez pas à intervertir les différentes purées de l'étape. Les quantités sont à adapter selon les besoins de votre bébé. L'objectif est de passer à trois repas solides par jour à partir de la deuxième semaine, mais ne vous inquiétez pas si votre bébé n'en veut qu'un, et même en petite quantité (à raison de 1 cuillère ou 2). Écoutez-le. Rappelez-vous que le dîner se prend à environ 11 heures et le souper à environ 17 heures.

Jour	Déjeuner	Dîner	Goûter	Souper	Coucher
1	Biberon/tétée	Biberon/tétée ; 1 à 2 c. à t. de *Riz pour bébé**	Biberon/tétée	Biberon/tétée	Biberon/tétée
2	Biberon/tétée	Biberon/tétée ; 1 à 2 c. à t. de *Riz pour bébé*	Biberon/tétée	Biberon/tétée	Biberon/tétée
3	Biberon/tétée	Biberon/tétée ; 1 à 2 c. à t. de *Carotte toute douce*	Biberon/tétée	Biberon/tétée	Biberon/tétée
4	Biberon/tétée	Biberon/tétée ; 1 à 2 c. à t. de *Carotte toute douce*	Biberon/tétée	Biberon/tétée	Biberon/tétée
5	Biberon/tétée	Biberon/tétée ; 1 à 2 c. à t. de *Courge butternut au four*	Biberon/tétée	Biberon/tétée	Biberon/tétée
6	Biberon/tétée	Biberon/tétée ; 1 à 2 c. à t. de *Courge butternut au four*	Biberon/tétée	Biberon/tétée	Biberon/tétée
7	Biberon/tétée	Biberon/tétée ; 1 à 2 c. à t. de *Compote de poires* ou *de pommes*	Biberon/tétée	Biberon/tétée	Biberon/tétée

* L'italique renvoie aux recettes de ce livre (de la p. 20 à la p. 41).

Jour	Déjeuner	Dîner	Goûter	Souper	Coucher
8	Biberon/tétée ; *Compote de pommes* s'il a faim*	Biberon/tétée ; 1 à 2 c. à s. de *Mixte de poire et panais*	Biberon/ tétée	Biberon/tétée ; *Carotte toute douce* s'il a faim	Biberon/ tétée
9	Biberon/tétée ; *Melon magique* s'il a faim	Biberon/tétée ; 1 à 2 c. à s. de *Céleri-rave et pomme*	Biberon/ tétée	Biberon/tétée ; *Courge butternut au four* s'il a faim	Biberon/ tétée
10	Biberon/tétée ; *Papaye douce* s'il a faim	Biberon/tétée ; 1 à 2 c. à s. de *Céleri-rave et pomme*	Biberon/ tétée	Biberon/tétée ; *Riz pour bébé* avec du *Melon magique* s'il a faim	Biberon/ tétée
11	Biberon/tétée ; *Papaye douce* s'il a faim	Biberon/tétée ; 2 à 3 c. à s. de *Fenouil et pomme*	Biberon/ tétée	Biberon/tétée ; *Mixte de poire et panais* s'il a faim	Biberon/ tétée
12	Biberon/tétée ; *Abricot et carotte* s'il a faim	Biberon/tétée ; 2 à 3 c. à s. de *Fenouil et pomme*	Biberon/ tétée	Biberon/tétée ; *Courge butternut au four* s'il a faim	Biberon/ tétée
13	Biberon/tétée ; *Paradis tropical* s'il a faim	Biberon/tétée ; 2 à 3 c. à s. de *Bouillie mentholée de pois et courgette*	Biberon/ tétée	Biberon/tétée ; *Carotte toute douce* s'il a faim	Biberon/ tétée
14	Biberon/tétée ; *Paradis tropical* s'il a faim	Biberon/tétée ; 2 à 3 c. à s. de *Patate douce et brocoli*	Biberon/ tétée	Biberon/tétée ; *Bouillie mentholée de pois et courgette* s'il a faim	Biberon/ tétée

* C'est votre enfant qui déterminera les quantités. Il vous dira quand il en aura assez.

riz pour bébé

Ce mélange de poudre de riz et d'eau est nourrissant et dégage un arôme subtil, ce qui en fait le premier aliment solide parfait, seul au début, puis dans les purées pour les épaissir. Le riz pour bébé ne contient toutefois pas de fer. Alors dès que votre bébé est prêt, incluez suffisamment d'aliments riches en fer à son alimentation, en plus du lait. Une combinaison à 50/50 de riz blanc et brun empêche une surcharge en fibres solubles, que le petit ventre délicat de votre bébé peut avoir du mal à digérer.

50 g / 1¾ oz / ¼ t de riz blanc
et brun
Lait maternel ou lait en poudre

1 Mixez le riz cru jusqu'à obtenir une fine poudre.
2 Mettez cette poudre dans une casserole puis versez 250 ml / 9 oz / 1 t d'eau bouillante dessus. Faites cuire 5-6 minutes à feu doux jusqu'à ce que l'eau soit absorbée et que la mixture ait épaissi.
3 Retirez le riz du feu et incorporez le lait maternel ou en poudre pour obtenir une purée légère et crémeuse.

ENVIRON 4 PORTIONS

PRÉPARATION + CUISSON
5 + 7 minutes

CONSERVATION
Laissez refroidir puis couvrez et réfrigérez jusqu'à 2 jours, ou congelez jusqu'à 1 mois.

BIENFAITS
Le riz brun est la graine de riz entière dont on a ôté uniquement l'enveloppe externe. Spécialement riche en fibres solubles, il peut aider au transit et lutter contre la constipation. Tous les riz sont de bonnes sources de vitamines B, de sélénium, ainsi que d'énergie à libération prolongée, parfait pour les bébés qui ont constamment faim. Le riz ne contient naturellement pas de gluten, ce qui facilite la digestion pour un système digestif en plein développement.

carotte toute douce

Naturellement sucrée et d'une texture onctueuse et crémeuse, la carotte est un excellent choix pour introduire les légumes dans l'alimentation de votre bébé. Choisissez autant que possible des carottes biologiques car les autres peuvent être particulièrement riches en résidus de pesticides.

300 g / 10½ oz de carottes
lavées, pelées et découpées
en rondelles

1 Cuisez les carottes à la vapeur pendant 10 minutes jusqu'à ce qu'elles soient tendres.
2 Mixez les carottes cuites pour obtenir une texture onctueuse puis ajoutez un peu d'eau du cuit-vapeur ou d'eau minérale pour obtenir une purée légère et onctueuse.

ENVIRON 4 PORTIONS

PRÉPARATION + CUISSON
5 + 12 minutes

CONSERVATION
Laissez refroidir puis couvrez et réfrigérez jusqu'à 2 jours, ou congelez jusqu'à 1 mois.

BIENFAITS
Les carottes fournissent une multitude d'antioxydants comme la vitamine C et E, les carotènes, y compris du bêta-carotène, que l'organisme de votre bébé transforme en vitamine A. Cette vitamine est essentielle pour la vision, la santé de la peau et le bon fonctionnement du système immunitaire. Les fibres solubles de la carotte aident à réguler les niveaux de sucre dans le sang, ce qui est important pour canaliser l'énergie de votre bébé.

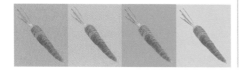

courge butternut au four

Les premières purées doivent être simples à réaliser et délicieuses pour votre bébé, c'est pourquoi la courge butternut cuite au four est parfaite. La cuisson demande très peu de préparation, mais sublime le goût, caramélisant les sucres naturels pour créer une purée sensationnelle que les bébés adorent. Vous pouvez utiliser tout type de courge, même une citrouille.

ENVIRON 8 À 12 PORTIONS

PRÉPARATION + CUISSON
5 + 40 minutes

CONSERVATION
Laissez refroidir puis couvrez et réfrigérez jusqu'à 2 jours, ou congelez jusqu'à 1 mois.

BIENFAITS
La courge butternut (ou « doubeurre ») est truffée de nutriments protecteurs. Elle est riche en caroténoïdes, notamment en lutéine et zéaxanthine, et en vitamines C et E. Ces antioxydants sont essentiels pour la santé de la peau, des yeux et des poumons, ainsi que pour le système immunitaire. La courge butternut est aussi une excellente source de fibres solubles qui aident le système digestif et le transit.

1 courge butternut non pelée, épépinée et coupée en morceaux

1 Préchauffez le four à 180 °C / 350 °F. Emballez les morceaux de courge dans un papier d'aluminium et mettez-les au four pendant 40 minutes (jusqu'à ce qu'ils soient très tendres).

2 Laissez refroidir pour pouvoir manipuler les morceaux, puis récoltez la chair et mettez-la dans un mixeur.

3 Mixez jusqu'à obtenir une purée onctueuse et crémeuse, ajoutez un peu d'eau minérale pour alléger la purée et lui donner la consistance voulue.

compote de poires

Agréablement sucrée, la poire est rarement allergisante. Choisissez des poires bien mûres, plus riches en nutriments et en goût. Si vous voulez épaissir cette purée, utilisez du Riz pour bébé (voir p. 20) durant les deux à quatre premières semaines, puis une fois que vous avez fini d'introduire tous les aliments un par un, ajoutez une petite banane écrasée.

2 poires mûres, pelées, évidées et coupées en morceaux	Du Riz pour bébé (voir p. 20) ou une banane écrasée pour épaissir si besoin

1 Cuisez les poires à la vapeur pendant 8 à 10 minutes jusqu'à ce qu'elles soient tendres.
2 Mixez-les jusqu'à obtenir une texture onctueuse. Épaississez avec un peu de Riz pour bébé ou une banane écrasée, si nécessaire.

ENVIRON 4 PORTIONS

PRÉPARATION + CUISSON
5 + 12 minutes + préparation du riz

CONSERVATION
Laissez refroidir puis couvrez et réfrigérez jusqu'à 2 jours, ou congelez jusqu'à 1 mois.

BIENFAITS
Les poires sont des fruits à faible index glycémique, ce qui signifie qu'elles libèrent progressivement l'énergie dans le sang, aidant ainsi à équilibrer les niveaux de sucre sanguin. Les poires contiennent également de la pectine, une forme de fibre soluble qui aide le système digestif à fonctionner de manière optimale, ainsi que les vitamines A, C et E antioxydantes, du potassium et du cuivre. L'iode des poires aide à optimiser le rôle de la thyroïde qui assure le bon fonctionnement du métabolisme.

ENVIRON 4 PORTIONS

PRÉPARATION + CUISSON
5 + 12 minutes

CONSERVATION
Laissez refroidir puis couvrez
et réfrigérez jusqu'à 2 jours,
ou congelez jusqu'à 1 mois.

BIENFAITS
La spiruline ou l'herbe de blé son
riches en nutriments excellents
pour la santé comme la chlo-
rophylle dont la composition
est similaire au sang humain
et qui oxygène les cellules de
l'organisme. Très détoxifiants,
ces super-nutriments fournissent
également des vitamines B
pour la production de l'énergie,
ainsi que des antioxydants
comme les vitamines C, E,
et le carotène, qui protègent
le système immunitaire. Les
pommes fournissent une bonne
source de pectine, une forme de
fibre soluble qui aide à éliminer
les toxines de l'organisme et à
nourrir les bonnes bactéries.

compote de pommes

Classée parmi les meilleurs premiers aliments
pour votre bébé, la compote de pommes
est une valeur sûre. Sa douceur sucrée est
plébiscitée par tous les nourrissons. Cette
version de compote de pommes inclut de la
spiruline ou bien de l'herbe de blé en poudre,
une manière simple et efficace d'enrichir le
contenu nutritionnel de cette purée.

**2 pommes pelées, évidées et
coupées en tranches**

**1 c. à s. d'herbe de blé ou de
spiruline en poudre**

1 Faites cuire les pommes à la vapeur pendant
10 minutes, jusqu'à ce qu'elles soient tendres.
2 Mixez-les avec la poudre et 1 à 2 c. à s. d'eau minérale
jusqu'à obtenir une texture onctueuse.

mixte de poire et panais

Délicieusement sucré et agréablement onctueux, le panais est un excellent premier légume pour votre bébé. Mais, comme il peut parfois s'avérer un peu sec, j'aime le mixer avec de la poire juteuse. Si vous ne trouvez pas de panais, essayez la carotte. La recette en sera tout aussi délicieuse et facile à digérer.

ENVIRON 4 PORTIONS

PRÉPARATION + CUISSON
5 + 17 minutes

CONSERVATION
Laissez refroidir puis couvrez et réfrigérez jusqu'à 2 jours, ou congelez jusqu'à 1 mois.

BIENFAITS
Le panais fournit une multitude de sucres naturels et de fibres solubles pour aider à réguler l'énergie du bébé plus tard dans la journée. Riche en antioxydants (vitamines C et E) et autres nutriments, le panais aide à améliorer la santé immunitaire de votre bébé. Il contient également une grande quantité de potassium, utile pour les fonctions musculaires et nerveuses.

1 panais pelé et coupé en cubes (ou 1 carotte pelée coupée en cubes)

1 poire pelée, évidée et coupée en morceaux

1 Faites cuire le panais à la vapeur pendant 5 minutes puis ajoutez la poire et poursuivez la cuisson 8 à 10 minutes jusqu'à ce que les deux soient tendres.
2 Mixez le panais et la poire jusqu'à obtenir une texture douce et onctueuse. Ajoutez un peu d'eau de cuisson ou minérale pour alléger si nécessaire.

ENVIRON 4 PORTIONS

PRÉPARATION + CUISSON
5 + 17 minutes

CONSERVATION
Laissez refroidir puis couvrez et réfrigérez jusqu'à 2 jours, ou congelez jusqu'à 1 mois.

BIENFAITS
La patate douce est riche en bêta-carotène, fibres solubles et vitamines A et C, ainsi qu'en fer et cuivre qui soutiennent activement le système immunitaire et la santé de la peau du bébé. Les fibres de la patate douce contribuent à libérer lentement l'énergie dans la circulation de votre bébé, pour son tonus et le bon fonctionnement de son tube digestif.

patate douce et brocoli

Le brocoli et les autres légumes crucifères sont remplis de bonnes choses pour la santé, il est donc important d'encourager votre bébé à les apprécier dès son plus jeune âge. Pour tempérer le fort arôme du brocoli, combinez-le avec la patate douce.

1 petite patate douce pelée et coupée en petits cubes

150 g / 5 oz de brocoli détaché en petites fleurettes

1 Faites cuire la patate douce à la vapeur pendant 5 minutes puis ajoutez le brocoli et poursuivez la cuisson 8 à 10 minutes jusqu'à ce que les deux légumes soient tendres.

2 Mixez les légumes pour obtenir une texture onctueuse et ajoutez un peu d'eau de cuisson ou minérale pour alléger si nécessaire.

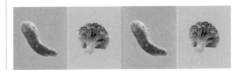

céleri-rave et pomme

Le céleri-rave et la pomme forment une association crémeuse. Comme les autres légumes-racines, le céleri-rave a un goût naturellement doux et sucré, idéal pour une des premières purées. Si vous ne trouvez pas de céleri-rave, remplacez-le par du chou-fleur.

ENVIRON 4 PORTIONS

PRÉPARATION + CUISSON
5 + 12 minutes

CONSERVATION
Laissez refroidir puis couvrez et réfrigérez jusqu'à 2 jours, ou congelez jusqu'à 1 mois.

150 g / 5 oz de céleri-rave, pelé et coupé en cubes (ou 150 g / 5 oz de chou-fleur détaché en petites fleurettes)

1 pomme pelée, évidée et coupée en morceaux

1 Faites cuire le céleri-rave et la pomme à la vapeur pendant 10 minutes jusqu'à ce qu'ils soient tendres.
2 Mixez-les jusqu'à obtenir une texture onctueuse et crémeuse et ajoutez un peu d'eau de cuisson ou bouillie pour alléger si nécessaire.

BIENFAITS
Racine riche en amidon, le céleri-rave contient beaucoup de fibres solubles qui favorisent la digestion ainsi que de la vitamine C, stimulante pour le système immunitaire. Bonne source de vitamine K, de manganèse et de potassium, le céleri-rave peut aider à renforcer les os en développement du bébé et réguler son fonctionnement nerveux et musculaire.

Ⓥ ✪ ✪ ✪ ✪ ✪ ✪ ✪ ✪ ✪ ✪

*fenouil et pomme

BIENFAITS

Le fenouil contient une dose appréciable d'antioxydants, y compris de la quercétine, de la rutine et de la vitamine C. Le potassium et les fibres du fenouil sont bons pour le cœur et le système digestif et ses propriétés antimicrobiennes peuvent protéger des désagréments digestifs. Connu pour ses bienfaits au niveau de la digestion, le fenouil est traditionnellement utilisé comme remède pour calmer les spasmes intestinaux et libérer les gaz, deux facteurs de colique chez les bébés. La pomme fournit de la pectine et des fibres solubles pour calmer et apaiser le système digestif.

Le fenouil au goût anisé et la pomme sucrée donnent une purée nourrissante, légère et rafraîchissante, spécialement douce pour le système digestif de votre bébé et pourtant suffisante pour la journée. Si vous ne trouvez pas de fenouil, remplacez-le par une pomme de terre.

ENVIRON 4 PORTIONS

PRÉPARATION + CUISSON
7 + 12 minutes

CONSERVATION
Laissez refroidir puis couvrez et réfrigérez jusqu'à 2 jours, ou congelez jusqu'à 1 mois.

1 petit fenouil (feuilles extérieures retirées) coupé finement ou 1 pomme de terre pelée et coupée en petits cubes

2 pommes pelées, évidées et coupées en morceaux

1 Faites cuire le fenouil et les pommes à la vapeur pendant 10 minutes jusqu'à ce qu'ils soient tendres.
2 Mixez jusqu'à obtenir une texture onctueuse et ajoutez un peu d'eau de cuisson ou minérale pour alléger si nécessaire.

Si vous allaitez, la tisane de fenouil peut aider à stimuler la production de lait.

010

betterave et grenade

D'un rouge vif, cette purée concentrée en énergie est sûre de remporter les faveurs de votre bébé. À l'étape 1 du sevrage, il faut épépiner la grenade mais à l'étape 2 vous pouvez ajouter les pépins à la cuisson. Si vous ne trouvez pas de grenade, remplacez-la par des prunes.

2 betteraves crues pelées et coupées en petits cubes

1 grenade coupée en deux ou 2 prunes rouges coupées en deux et dénoyautées

1 Mettez les betteraves et les prunes, si vous avez opté pour elles, dans une petite casserole et recouvrez d'eau. Portez à ébullition puis réduisez le feu, couvrez et faites cuire doucement pendant 10 à 15 minutes, jusqu'à ce que les betteraves soient vraiment tendres.
2 Pressez la grenade et récoltez le jus des deux moitiés dans un bol. Filtrez pour retirer les pépins et la peau blanche.
3 Mixez la betterave et le jus de grenade (ou les prunes) jusqu'à obtenir une texture onctueuse.

pomme et avocat

ENVIRON 4 PORTIONS

PRÉPARATION + CUISSON
5 + 12 minutes

Crémeux et nourrissant, ce mélange est parfait pour les bébés qui ont de l'appétit. Choisissez un avocat mûr que vous pourrez mixer facilement avec la pomme cuite. Les aliments crus sont particulièrement bons pour votre bébé car ils conservent tous leurs nutriments essentiels.

CONSERVATION
Ce mélange est meilleur consommé immédiatement. Laissez refroidir, couvrez et réfrigérez 1 journée maximum (ne vous inquiétez pas si l'avocat change de couleur, il est toujours bon). Ne pas congeler.

2 pommes pelées, évidées et coupées en dés **1 avocat**

1 Faites cuire les pommes à la vapeur pendant 8 à 10 minutes jusqu'à ce qu'elles soient tendres.

2 Pendant ce temps, pelez l'avocat, dénoyautez-le et coupez la chair en morceaux.

3 Mixez la chair de l'avocat et les pommes cuites jusqu'à obtenir une texture onctueuse. Ajoutez un peu d'eau de cuisson ou minérale pour alléger si nécessaire.

BIENFAITS
Les avocats regorgent d'acides gras mono-insaturés, source d'énergie indispensable à votre bébé, ainsi que de vitamines B essentielles (y compris les folates), du zinc et de la vitamine E pour aider ses fonctions immunitaires, favoriser la cicatrisation en cas de blessures et garder sa peau souple et douce.

mélange de racines

Votre bébé va adorer cette purée orange admirablement crémeuse, préparée à partir de racines douces pour son ventre. Coupez les légumes en cubes de taille similaire pour assurer une cuisson homogène.

ENVIRON 4 PORTIONS

PRÉPARATION + CUISSON
5 + 12 minutes

CONSERVATION
Laissez refroidir puis couvrez et réfrigérez jusqu'à 2 jours, ou congelez jusqu'à 1 mois.

BIENFAITS
Les légumes-racines comme la carotte, le rutabaga et la patate douce regorgent de caroténoï-des et de vitamine C. Plus ces végétaux sont oranges, plus ils contiennent de bêta-carotène, la forme végétale de la vitamine A, bénéfique pour la peau de votre bébé. Les légumes-racines sont truffés de sucres naturels qui fournissent une source d'énergie libérée progressivement. Riches en fibres solubles, ils sont faciles à digérer et utiles pour prévenir la constipation.

100 g/3½ oz de patate douce pelée et coupée en petits cubes
1 carotte pelée et coupée en épaisses rondelles

75 g/2½ oz de rutabaga ou 1 panais pelé et coupé en petits cubes

1 Faites cuire les légumes à la vapeur pendant 10 minutes jusqu'à ce qu'ils soient tendres.

2 Mixez les légumes jusqu'à obtenir une texture onctueuse et ajoutez un peu d'eau de cuisson ou minérale pour alléger si nécessaire.

bouillie mentholée de pois et courgettes

Les petits pois font une super purée-dépannage car vous pouvez les conserver dans votre congélateur. Les pois congelés restent riches en nutriments car ils le sont tout de suite après la cueillette. Dans cette variante de la purée de pois, les pois sont mélangés à la courgette, et le tout est rehaussé d'une petite touche de menthe fraîche.

100 g / 3½ oz de petits pois
   congelés
1 courgette pelée et coupée
   en petits cubes

1 c. à s. de menthe ciselée

1 Faites cuire la courgette et les pois congelés à la vapeur pendant 10 minutes jusqu'à ce qu'ils soient tendres.
2 Mixez les légumes avec la menthe jusqu'à obtenir une texture onctueuse et ajoutez un peu d'eau de cuisson ou minérale pour alléger si nécessaire.

ENVIRON 4 PORTIONS

PRÉPARATION + CUISSON
5 + 12 minutes

CONSERVATION
Laissez refroidir puis couvrez et réfrigérez jusqu'à 2 jours, ou congelez jusqu'à 1 mois.

BIENFAITS
Les petits pois sont parmi les végétaux les plus riches en fer (nécessaire à la formule sanguine) et en vitamine C (pour l'immunité) et contiennent aussi des vitamines B dont l'organisme a besoin pour produire de l'énergie. L'acide folique des pois encourage l'organisme de votre bébé à produire des globules rouges sains, tandis que les caroténoïdes favorisent le fonctionnement de l'œil. La menthe est un remède connu contre les problèmes de digestion, les gaz et la colique.

ENVIRON 4 PORTIONS

PRÉPARATION + CUISSON
5 + 15 minutes

CONSERVATION
Laissez refroidir puis couvrez et réfrigérez jusqu'à 2 jours, ou congelez jusqu'à 1 mois.

BIENFAITS
Les abricots secs sont un concentré de fer, de calcium, de magnésium, de potassium et de bêta-carotène. Le fer aide l'organisme à fabriquer l'hémoglobine (le transporteur de l'oxygène dans nos cellules sanguines), tandis que le calcium et le magnésium sont des nutriments essentiels pour le développement des os et des dents. Quant au potassium, il préserve les fonctions nerveuses et musculaires. Pour finir, l'organisme transforme le bêta-carotène en vitamine A pour une peau, des yeux et des poumons sains et un système digestif en bon état.

abricot et carotte

Pour réaliser cette purée, choisissez des abricots bio qui ont séché naturellement au soleil plutôt que ceux traités avec du dioxyde de soufre. Les sulfites peuvent provoquer des réactions allergiques chez certains bébés.

2 carottes pelées et coupées en épaisses rondelles

50 g / 1¾ oz d'abricots secs non traités

1 Mettez les carottes, les abricots et 80 ml / 2½ oz / ⅓ t d'eau dans une petite casserole et portez à ébullition. Réduisez le feu, couvrez et faites cuire pendant 10 minutes jusqu'à ce qu'ils soient tendres. Laissez légèrement refroidir puis filtrez, en mettant de côté le liquide de cuisson.
2 Mixez les carottes et les abricots jusqu'à obtenir une texture onctueuse et ajoutez un peu du liquide de cuisson pour alléger si nécessaire.

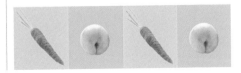

nectarine et cerise

Cette purée est sucrée, nourrissante et d'une belle couleur rose. Utilisez des cerises congelées dénoyautées lorsque ce n'est pas la saison.

2 nectarines

150 g / 5½ oz / 1 t de cerises fraîches ou décongelées, dénoyautées

1 Plongez les nectarines dans l'eau bouillante pendant 1 minute puis retirez-les en utilisant une écumoire. Dès que vous pouvez les manipuler, pelez-les. Coupez la chair et débarrassez-vous des noyaux.

2 Mixez la chair des nectarines et les cerises jusqu'à obtenir une texture onctueuse.

3 Versez la purée dans une petite casserole, portez à ébullition puis réduisez le feu, couvrez et laissez cuire 2-3 minutes. Servez à température ambiante.

ENVIRON 4 PORTIONS

PRÉPARATION + CUISSON
10 + 7 minutes

CONSERVATION
Laissez refroidir puis couvrez et réfrigérez jusqu'à 2 jours, ou congelez jusqu'à 1 mois.

BIENFAITS
Les cerises sont riches en flavonoïdes, quercétine et anthocyanes. Ceux-ci aident à soulager l'inflammation (dans la peau et les articulations) et empêchent les réactions allergiques. La grande quantité de vitamine C et de flavonoïdes dont regorgent les cerises aide à renforcer le système immunitaire de votre bébé et favorise la santé générale de sa peau. Les cerises fournissent également une source de mélatonine, un composé naturel utilisé pour induire le sommeil.

papaye douce

La chair douce et huileuse de la papaye se transforme facilement en purée (sans avoir besoin de la cuire) et forme un repas crémeux, sucré et au goût tropical pour votre bébé qui ne perd ainsi aucun de ses bénéfices nutritionnels.

ENVIRON 4 PORTIONS

PRÉPARATION
5 minutes

CONSERVATION
Couvrez et réfrigérez jusqu'à 2 jours, ou congelez jusqu'à 1 mois.

BIENFAITS
Extrêmement apaisante pour votre bébé, la papaye aide à réduire l'inflammation de la peau et du tube digestif et soulage les gaz et les ballonnements. Ses fibres solubles aident à nourrir les bactéries amies de l'intestin, importantes pour soutenir l'immunité et assurer une assimilation optimale des nutriments. La papaye contient aussi une enzyme digestive appelée papaïne, qui est excellente lorsque votre bébé sera passé aux protéines à l'étape 2, car il aide l'organisme à les métaboliser.

2 papayes coupées en deux et épépinées

1 Creusez la chair de la papaye et mixez-la jusqu'à obtenir une texture onctueuse.

fraîcheur verte

L'avocat fait un parfait premier aliment solide. Il est très nourrissant et n'a pas besoin d'être cuit, c'est donc un aliment pratique à emporter partout. Ici, il est associé au concombre pour faire le plein de nutriments.

1 avocat pelé et dénoyauté **½ concombre pelé et épépiné**

1 Mixez l'avocat et le concombre jusqu'à obtenir une texture onctueuse et crémeuse.

ENVIRON 4 PORTIONS

PRÉPARATION
5 minutes

CONSERVATION
Meilleur consommé immédiatement. Ne pas congeler.

BIENFAITS
Les avocats fournissent à votre bébé une bonne quantité de protéines ainsi que des acides gras mono-insaturés, excellents pour la santé du cœur. Ils sont denses nutritionnellement parlant, avec des vitamines B3 et E, de l'acide folique, du fer et du potassium. Le concombre contient du soufre et de la silice, des minéraux qui aident à nourrir la peau de votre bébé et le fonctionnement de son foie.

018

paradis tropical

BIENFAITS

Les kakis sont bourrés d'anti-oxydants comme la vitamine C, le bêta-carotène, le lycopène, la lutéine et la zéaxanthine. Ils fournissent aussi des fibres solubles pour aider l'élimination, et du manganèse dont votre bébé a besoin pour produire la SOD (superoxyde dismutase), une enzyme essentielle à l'élimination.

L'association du kaki et de la mangue rend cette purée hyper-riche en nutriments et lui donne un goût sucré que votre bébé va adorer. Les kakis en particulier sont de pures bouchées d'antioxydants essentiels pour la santé de la peau, de la vision, des poumons et des fonctions immunitaires de Bébé. La texture crémeuse de la purée est parfaite comme premier dessert et délicieuse pour les plus grands, mélangée dans un yaourt nature. Si vous ne trouvez pas de kakis, remplacez-les par des pêches.

ENVIRON 4 PORTIONS

PRÉPARATION
5 minutes

CONSERVATION
Couvrez et réfrigérez jusqu'à 2 jours, ou congelez jusqu'à 1 mois.

1 mangue pelée, dénoyautée et coupée en morceaux

2 kakis pelés et coupés en morceaux (ou 2 pêches pelées, dénoyautées et coupées en morceaux)

1 Mixez la mangue et les kakis pour obtenir une purée fine et onctueuse.

Assurez-vous que les fruits sont bien mûrs pour maximiser le contenu nutritionnel et qu'ils soient plus faciles à mixer.

PRÉPARATION
5 minutes

CONSERVATION
Meilleur consommé immédiatement. Ne pas congeler.

BIENFAITS
Le melon cantaloup à chair
orange est une excellente
source de bêta-carotène et
de vitamine C, nutriments qui
aident à maintenir une peau en
bonne santé, à combattre les
infections et à développer une
bonne vision.

melon magique

Rafraîchissant et naturellement sucré, le
melon est sûr de remporter un franc succès
auprès de votre bébé, et il est si simple à
préparer ! Le melon à chair orange donnera les
meilleurs nutriments, mais tout type de melon
fera l'affaire. Plus tard dans le processus de
sevrage, si vous utilisez de la pastèque, vous
pouvez essayer de mixer ses pépins avec
pour fournir des acides gras essentiels et des
antioxydants comme le zinc, le sélénium et la
vitamine E.

½ **melon (ou ¼ de pastèque)**   **1 banane pelée**
  coupé en deux et épépiné

1 Videz la chair du melon et mixez-la avec la banane
jusqu'à obtenir une texture onctueuse.

duo banane-pêche

L'association estivale de la pêche et de la banane fournit une purée sucrée énergisante. Assurez-vous que les pêches sont mûres et parfumées pour qu'elles se mixent facilement crues. Si vous n'arrivez pas à trouver de pêches mûres, vous pouvez faire cuire la chair dans un peu d'eau avant de la réduire en purée avec la banane.

2 pêches　　　　　**1 banane pelée**

1 Plongez les pêches dans l'eau bouillante pendant 1 minute puis retirez-les en utilisant une écumoire. Dès que vous pouvez les manipuler, épluchez-les.
2 Coupez la chair de la pêche autour du noyau et mixez-la avec la banane jusqu'à obtenir une texture onctueuse.

ENVIRON 4 PORTIONS

PRÉPARATION
5 minutes

CONSERVATION
Meilleur consommé immédiatement. Ne pas congeler.

BIENFAITS
Les pêches sont riches en sucres naturels qui, avec les fibres solubles, fournissent de l'énergie libérée progressivement pour soutenir le tonus de votre bébé toute la journée. Bonnes sources de bêta-carotène et de fer, elles stimulent aussi fortement l'immunité. En outre, l'organisme de votre bébé transforme le bêta-carotène en vitamine A, ce qui protège sa peau des rayons ultraviolets nocifs.

7-9 MOIS

Vers 7 mois, votre bébé sera habitué à la texture des aliments, mâchera, avalera mieux et sera plus intéressé par la nourriture. Le plus grand changement à l'étape 2 est qu'il faut introduire des protéines, les matériaux de construction de son corps. En outre, les heures des repas vont devenir plus régulières. Donnez à votre bébé un déjeuner réparateur comme le Riz à l'abricot, un dîner nourrissant comme le délicieux Suprême de maïs, et un souper substantiel comme un bol d'Agneau mijoté suivi d'une Pomme sportive au four. J'ai inclus des recettes sans gluten comme le Müesli sans gluten et le Quinoa à la vanille, hautement nutritives et antiallergènes.

Cassoulet au poulet et haricots blancs (p. 65)

Une fois que votre bébé est habitué à manger des fruits et légumes, il est temps d'introduire quelques protéines végétales et animales à son alimentation. Les protéines sont les matériaux de construction de son organisme et, alors que son appétit grandit, il va en avoir besoin à chaque repas. Volailles, poissons et viandes maigres, légumineuses, haricots, lentilles et soja sont tous de bons apports en protéines pour l'étape 2.

Les aliments riches en protéines sont souvent riches en fer, important pour le développement, la croissance et l'énergie de votre bébé. On en trouve dans toutes les viandes et les œufs bien cuits, les bonnes sources végétales étant les fruits secs, les légumes verts à feuilles, les légumineuses et les céréales complètes sans gluten comme le quinoa et le millet. Il faut aussi inclure des aliments riches en vitamine C (comme les baies, les poivrons, les tomates et les agrumes) car elle aide l'organisme à assimiler le fer des autres aliments.

Continuez à introduire progressivement des nouveautés, en surveillant à chaque fois les réactions de Bébé. Bien que le lait de vache soit allergène et que vous deviez attendre que votre bébé ait 12 mois avant de lui en donner, vous pouvez l'utiliser dans la cuisine durant l'étape 2. Si Bébé ne supporte pas le lait de vache, même ainsi, essayez le lait de chèvre, le lait de soja ou le lait de noisette (si votre bébé n'est pas allergique aux noix), mais choisissez-en un enrichi en calcium et sans sucre. Vous pouvez utiliser du lait d'avoine à la fin de l'étape 2, mais celui-ci contient des traces de gluten, lui aussi un allergène courant. D'une manière générale, évitez les aliments contenant du gluten jusqu'à 9 mois. Les œufs (surtout les blancs) peuvent aussi être allergisants. Faites bien cuire les œufs et essayez le jaune d'abord. Même si Bébé semble les supporter, évitez les œufs mollets ou crus pour l'instant : ils peuvent provoquer des intoxications alimentaires.

LA TEXTURE DES ALIMENTS

Alors que votre bébé s'habitue à mâcher, introduisez des textures différentes dans son alimentation. Préparez progressivement des purées plus épaisses, puis avec des petits morceaux. Écrasez-les avec un presse-purée ou mixez-les moins finement plutôt que de les réduire en bouillie. Vers la fin de l'étape 2 (environ 9 mois), Bébé saura mieux mâcher et il aura peut-être des dents. Donnez-lui alors des aliments à prendre avec les doigts, comme des bâtonnets de carottes légèrement cuits ou de fines tranches de pomme. Ne laissez jamais votre bébé sans surveillance lorsqu'il mange car il pourrait s'étouffer.

HEURES DES REPAS ET QUANTITÉS

Il est temps d'établir des repas plus réguliers. Donnez-lui trois repas par jour, chacun associant des protéines à des glucides et des légumes ou des fruits. Prévoyez deux ou trois portions de féculents (riz, pommes de terre et pâtes sans gluten – environ 30-40 g/1-1½ oz) et une portion de protéines animales ou deux portions de protéines végétales. La quantité que mange votre bébé peut varier d'une cuillère à soupe à un bol plein. Comme toujours, laissez-le vous guider. Un biberon en milieu de matinée (vers 10 heures) vous permet de repousser l'heure du dîner à 12 heures (ne donnez pas de lait trop tard il n'aurait pas faim à midi) ; tandis que le souper est à 17 heures. Reportez-vous au guide de la p. 47 pour établir les repas de la semaine.

BESOINS EN LAIT

Le lait reste important dans l'alimentation de votre bébé mais il lui faudra aussi des aliments solides. Il est donc important de réduire son apport en lait à environ 500-600 ml/17-21 oz/2-2½ t par jour, une quantité dont il aura besoin jusqu'à au moins 1 an. Donnez-lui de l'eau minérale adaptée aux nourrissons entre les repas pour l'hydrater.

Étape 2 : Aliments conseillés / Aliments déconseillés

Légumes	**Conseillés :** tous les légumes sans exception.
Fruits	**Conseillés :** tous, y compris kiwi, ananas, agrumes (orange, citron, pamplemousse, mandarine) et fraise. Écrasez ou réduisez en purée les fruits très mûrs, faites cuire légèrement ceux qui le sont moins. Faites tremper et réduisez en purée les fruits secs et ne les donnez qu'en petites quantités.
Viandes et volailles	**Conseillés :** petits morceaux de viande et de volaille non fumée, si possible bio, sans peau, sans os et sans cartilage. Assurez-vous que la viande est tout à fait cuite avant de la servir. **Déconseillés :** viandes traitées (bacon, saucisse, salami, pâté et viande fumée).
Poissons	**Conseillés :** poisson bio sans peau ni arête, non fumé, frais ou en conserve. **Déconseillés :** coquillages, poisson fumé, poisson en saumure ou dans des sauces.
Produits laitiers et œufs	**Conseillés :** lait entier (mais uniquement dans vos préparations culinaires, jamais tel quel), beurre doux, fromage frais, yaourt nature au lait entier, certains fromages (à pâte dure, fromage blanc, ricotta, mozzarella et gruyère), œuf dur. **Déconseillés :** fromages non pasteurisés, bleu, lait non pasteurisé, boissons lactées sucrées, yaourts sucrés et fromages frais aux fruits, lait non cuit, œuf pas assez cuit.
Légumineuses	**Conseillés :** lentilles et haricots cuits, en conserve dans l'eau, ou séchés et bouillis.
Noix et graines	**Conseillés :** graines et noix finement moulues, laits d'amande ou de noisette s'il n'y a pas d'antécédent d'allergie dans la famille, sinon évitez jusqu'à 3 ans. **Déconseillés :** noix entière ou en morceaux (risque d'étouffement), surtout s'il y a un antécédent d'allergie dans la famille.
Céréales	**Conseillés :** amaranthe, sarrasin, maïs, millet, quinoa, riz, avoine à partir de 9 mois. **Déconseillés :** céréales au gluten, dont l'orge, le seigle, l'épeautre et le blé.
Autres	**Déconseillés :** édulcorants artificiels, miel, aliments modifiés, sel (y compris les bouillons salés), sucre.
Liquides	**Conseillés :** du lait maternel ou en poudre, et de l'eau minérale entre les repas.

ÉTAPE 2 : PLANIFIER LES REPAS DE LA SEMAINE

Utilisez ce tableau pour vous aider à établir des menus équilibrés.

Jour	Déjeuner	Collation	Dîner	Goûter	Souper	Coucher
1	Biberon/tétée ; *Crème poire-millet**	Biberon/tétée	*Sucré-salé de dinde ; Mousse aux deux prunes*	Biberon/tétée	*Polenta florentine*	Biberon/tétée
2	Biberon/tétée ; *Müesli sans gluten*	Biberon/tétée	*Tourte au poisson pour bébé ; Mascarpone à l'abricot*	Biberon/tétée	*Purée de poivrons rouges*	Biberon/tétée
3	Biberon/tétée ; *Quinoa à la vanille*	Biberon/tétée	*Curry de poulet-coco ; Tourbillon de bananes et de baies*	Biberon/tétée	*Soupe carotte-orange*	Biberon/tétée
4	Biberon/tétée ; *Polenta aux bleuets*	Biberon/tétée	*Risotto au brocoli et au saumon ; Crème pêche-orange*	Biberon/tétée	*Purée de légumes à la sauce cajou*	Biberon/tétée
5	Biberon/tétée ; *Fromage blanc à la mangue*	Biberon/tétée	*Bœuf marocain ; Pomme sportive au four*	Biberon/tétée	*Crème poire-brocoli*	Biberon/tétée
6	Biberon/tétée ; *Crème de tofu fruitée*	Biberon/tétée	*Lentilles aux pommes ; Crème pêche-orange*	Biberon/tétée	*Cassoulet au poulet et haricots blancs*	Biberon/tétée
7	Biberon/tétée ; *Crème pêche-orange*	Biberon/tétée	*Cabillaud cuit au four à la méditerranéenne ; Mascarpone à l'abricot*	Biberon/tétée	*Sauté de porc au sésame*	Biberon/tétée

* L'italique renvoie aux recettes de ce livre (de la p. 48 à la p. 91).

riz à l'abricot

Utilisez du riz à risotto pour ce délicieux déjeuner qui lui donnera une texture douce et veloutée et ajoutez un peu de yaourt à la grecque nature juste avant de le servir à votre bébé. Vous pouvez aussi l'utiliser comme dessert.

ENVIRON 4 PORTIONS

PRÉPARATION + CUISSON
5 + 35 minutes

CONSERVATION
Laissez refroidir puis couvrez et réfrigérez jusqu'à 2 jours, ou congelez jusqu'à 1 mois.

BIENFAITS
Le yaourt à la grecque est un bon apport en protéines, notamment pour les bébés végétariens. Il contient des bonnes bactéries comme le *lactobacillus*, important pour une digestion saine et un système immunitaire de qualité. C'est aussi une excellente source de calcium dont votre bébé a besoin pour sa formation osseuse, musculaire et nerveuse. Le yaourt à la grecque est aussi riche en tryptophane, un précurseur de la sérotonine, que l'organisme transforme en mélatonine, la molécule qui régule le cycle veille-sommeil.

50 g / 1½ oz / ½ t de riz à risotto
500 ml / 17 oz / 2 t de lait entier ou d'eau
75 g / 2½ oz d'abricots secs non traités et coupés en morceaux

1 pincée de cannelle
2 c. à s. de yaourt à la grecque nature

1 Rincez le riz en procédant comme suit : placez-le dans un bol, recouvrez-le d'eau, mélangez puis égouttez et répétez le processus jusqu'à ce que l'eau soit claire. Cela enlève l'amidon et les impuretés. Mettez le riz dans une casserole et recouvrez-le de lait ou d'eau. Portez à ébullition puis réduisez le feu, couvrez et laissez cuire 15 minutes.

2 Ajoutez les abricots au riz, couvrez et laissez mijoter encore 10 à 15 minutes jusqu'à ce que les grains soient moelleux. Rajoutez un peu d'eau si besoin.

3 Laissez légèrement refroidir puis incorporez la cannelle et réduisez le tout en une purée onctueuse. Touillez avec le yaourt et servez.

fromage blanc à la mangue

Au déjeuner ou au dessert, c'est une gourmandise crémeuse pour votre bébé. Pour les enfants en âge d'aller à l'école ou pour les plus grands, servez-le au déjeuner ou en brunch accompagné de blinis au blé complet ou de crêpes (mais attention, cette recette ne sera donc plus adaptée aux intolérants au blé et au gluten).

1 mangue pelée dénoyautée et coupée en cubes
125 g / 4½ oz / ½ t de fromage blanc

2 c. à t. de graines de lin ou de chanvre

1 Mettez tous les ingrédients dans un mixeur et réduisez-les en purée.

ENVIRON 4 PORTIONS

PRÉPARATION
8 minutes

CONSERVATION
Couvrez et réfrigérez jusqu'à 2 jours. Ne pas congeler.

BIENFAITS
Cette recette stimule l'immunité, les mangues étant en effet riches en vitamines C et E antioxydantes, ainsi qu'en bêta-carotène, la forme végétale de la vitamine A, dont votre bébé a besoin pour avoir une peau, des poumons et un sytème digestif en bon état. Les mangues fournissent aussi des fibres solubles et des enzymes qui favorisent la digestion et le bon fonctionnement des intestins. Le fromage blanc apporte une bonne source de calcium pour la formation des os, tandis que le lin fournit des oméga 3 pour des cellules en bonne santé.

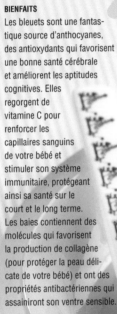

BIENFAITS

Les bleuets sont une fantastique source d'anthocyanes,
des antioxydants qui favorisent
une bonne santé cérébrale
et améliorent les aptitudes
cognitives. Elles
regorgent de
vitamine C pour
renforcer les
capillaires sanguins
de votre bébé et
stimuler son système
immunitaire, protégeant
ainsi sa santé sur le
court et le long terme.
Les baies contiennent des
molécules qui favorisent
la production de collagène
(pour protéger la peau déli-
cate de votre bébé) et ont des
propriétés antibactériennes qui
assainiront son ventre sensible.

polenta aux bleuets

Les bébés adorent la consistance crémeuse de la polenta et son goût subtil. Cette purée pour le déjeuner est sans gluten et servie avec une sauce irrésistible à base de bleuets, l'un des fruits les plus riches en antioxydants, ce qui en fait un super-aliment pour votre bébé en pleine croissance.

ENVIRON 4 PORTIONS

PRÉPARATION + CUISSON
5 + 15 minutes

CONSERVATION
Laissez refroidir puis couvrez et réfrigérez jusqu'à 2 jours. Ne congelez que la purée de bleuets jusqu'à 1 mois.

150 g / 5½ oz / 1 t de bleuets
250 ml / 9 oz / 1 t de lait de vache entier
50 g / 1¾ oz / ⅓ t de polenta

1 yaourt nature ou du lait maternel ou en poudre (facultatif)

1 Mettez les bleuets dans une casserole avec 2 c. à s. d'eau. Portez à ébullition, réduisez le feu, couvrez et laissez mijoter 2-3 minutes. Retirez du feu et mixez.

2 Dans une petite casserole, mélangez le lait de vache avec 250 ml / 9 oz / 1 t d'eau. Portez à ébullition puis ajoutez progressivement la polenta en remuant sans cesse.

3 À feu doux, laissez mijoter 6-8 minutes tout en remuant jusqu'à ce que la mixture s'épaississe. Laissez refroidir légèrement.

4 Servez la polenta surmontée de la purée de bleuets, avec au choix le yaourt ou le lait habituel de votre bébé.

Utilisez de la polenta à cuisson rapide dans cette recette, elle est plus fine.

024

Ⓥ ⓧ ⓧ ⓐ ⓐ ⓧ ⓢ Ⓞ

crème poire-millet

Le millet est une graine sans gluten qui s'associe merveilleusement bien à la poire et au yaourt pour réaliser une purée crémeuse. Préférez les poires séchées sans sucre ajouté ni conservateurs. Si vous ne trouvez pas de millet, utilisez du quinoa à la place.

ENVIRON 4 PORTIONS

PRÉPARATION + CUISSON
15 + 35 minutes

CONSERVATION
Laissez refroidir puis couvrez et réfrigérez jusqu'à 2 jours ou congelez jusqu'à 1 mois.

BIENFAITS
Le millet est riche en magnésium, un minéral bien connu pour son effet calmant, important pour les fonctions nerveuses et musculaires, pour produire de l'énergie, et pour stabiliser les niveaux de sucre sanguin.

60 g / 2½ oz / ⅓ t de millet ou de quinoa
1 c. à t. de cannelle
4 c. à s. de lait maternel ou en poudre
1 poire pelée, vidée et coupée en cubes

3 poires séchées coupées en deux, trempées dans de l'eau tiède pendant 10 minutes puis coupées en morceaux
4 c. à s. de yaourt nature à la grecque
2 c. à t. de graines de lin

1 Mettez le millet dans une casserole avec 375 ml / 13 oz / 1½ t d'eau et portez à ébullition. Réduisez le feu, couvrez et laissez mijoter 15 minutes. Retirez le couvercle et ajoutez la cannelle, le lait, les poires fraîches et séchées, puis couvrez et poursuivez la cuisson 10-15 minutes jusqu'à ce que toute l'eau soit absorbée.
2 Retirez du feu et mixez pour obtenir une purée épaisse.
3 Versez dans des bols, ajoutez le yaourt à la grecque et les graines de lin puis servez.

müesli sans gluten

Les petits ventres en développement peuvent mal supporter le gluten, alors voici un müesli conçu spécialement pour eux.

ENVIRON 4 PORTIONS

PRÉPARATION + CUISSON
10 + 10 minutes

CONSERVATION
Laissez refroidir puis couvrez et réfrigérez jusqu'à 2 jours ou congelez jusqu'à 1 mois.

BIENFAITS
L'ajout de graines de lin est un bon moyen d'augmenter l'apport quotidien en oméga 3, qui constituent une partie essentielle des cellules du cerveau et dont votre bébé a besoin pour la communication et la fonction cérébrale. L'association de flocons rend ce müesli particulièrement riche en fer et en protéines.

50 g / 1½ oz / ½ t de raisin frais
1 pomme pelée, évidée et
    coupée en morceaux
4 c. à s. de flocons de quinoa
4 c. à s. de flocons de millet
4 c. à s. de flocons de sarrasin
1 c. à s. noix de coco râpée
1 c. à s. de graines de
    tournesol
Lait maternel ou en poudre
2 c. à t. de graines de lin
1 yaourt nature

1 Mettez les raisins et la pomme dans une casserole et ajoutez suffisamment d'eau pour recouvrir les fruits. Portez à ébullition puis réduisez le feu et laissez cuire à découvert 3-4 minutes jusqu'à ce que la pomme soit tendre.

2 Ajoutez le quinoa, le millet, le sarrasin, la noix de coco et les graines de tournesol et faites cuire, sans cesser de remuer, pendant 2-3 minutes jusqu'à ce que le mélange s'épaississe. Ajoutez un peu de lait s'il devient trop épais.

3 Mixez la préparation pour obtenir une purée puis incorporez les graines de lin et laissez refroidir légèrement.

4 Servez avec le lait habituel de votre bébé, ou touillez dans un peu de yaourt nature.

V 🧊 🧊 🧊 🧊 🧊 🧊 🧊 🧊 🧊

crème de tofu fruitée

Ce déjeuner gourmand et crémeux associe les pêches juteuses aux framboises sucrées. Le tofu soyeux rend cette purée très nourrissante, parfaite si votre bébé a un gros appétit.

ENVIRON 4 PORTIONS

PRÉPARATION + CUISSON
5 + 5 minutes

CONSERVATION
Laissez refroidir puis couvrez et réfrigérez jusqu'à 2 jours. Ne pas congeler.

BIENFAITS
Les framboises regorgent d'anthocyanes, des flavonoïdes antioxydants qui protègent le système immunitaire de votre bébé et préservent sa vision et sa peau. Ils sont anti-infectieux et assainissent l'intestin. Le tofu fournit une grande quantité de protéines et de calcium, qui sont essentiels pour la croissance et le développement de votre bébé.

2 pêches
100 g / 3½ oz / 1 t de framboises
225 g / 8 oz de tofu soyeux

1 Plongez les pêches dans l'eau bouillante pendant 1 minute puis retirez-les à l'aide d'une écumoire. Dès que vous pouvez les manipuler, épluchez-les. Coupez la chair et mettez-la dans une petite casserole. Ajoutez 1 à 2 c. à s. d'eau, portez à ébullition puis réduisez le feu, couvrez et laissez cuire 2-3 minutes jusqu'à ce que la pêche soit tendre.
2 Mixez les pêches, le liquide de cuisson et les autres ingrédients jusqu'à obtenir la consistance désirée.

quinoa à la vanille

Le quinoa est une super-céréale. Sans gluten, mais riche en protéines, il fait un parfait déjeuner aux céréales pour l'étape 2 du sevrage. Cuisez-le comme de la bouillie et mixez-le avec des fruits pour obtenir une texture facile à mâcher et à avaler. Pour un résultat plus crémeux, ajoutez une cuillerée de yaourt nature au lait entier juste avant de servir (mais attention, cette recette ne sera donc plus adaptée aux intolérants au lait).

150 g / 5½ oz / ¾ t de quinoa
1 gousse de vanille ou 2 c. à t. d'extrait de vanille

1 pêche pelée, dénoyautée et coupée en morceaux

1 Mettez le quinoa dans une casserole avec 300 ml / 10½ oz / 1¼ t d'eau et portez à ébullition. Réduisez le feu, couvrez et faites cuire 20 minutes jusqu'à ce que le quinoa soit tendre.

2 Ajoutez la vanille et la pêche et faites cuire 5 minutes supplémentaires jusqu'à ce que le quinoa ait absorbé presque tout le liquide.

3 Passez la préparation au mixeur pour obtenir une purée épaisse.

ENVIRON 4 PORTIONS

PRÉPARATION + CUISSON
6 + 27 minutes

CONSERVATION
Laissez refroidir puis couvrez et réfrigérez jusqu'à 2 jours. Ne pas congeler.

BIENFAITS
Le quinoa est une source très intéressante de protéines car il fournit toute la gamme d'acides aminés essentiels (voir p. 12), devenant ainsi un aliment idéal pour les bébés végétariens. Il est aussi riche en magnésium, équilibrant nerveux et musculaire.
C'est une bonne source de vitamines B nécessaires à la production d'énergie et au bon développement du cerveau et du système nerveux.

Ⓥ Ⓧ Ⓞ Ⓧ Ⓢ Ⓞ Ⓧ

avoine à la cerise et à la pomme

Les cerises fraîches et les pommes en compote sucrent naturellement l'association avoine-cerise-pomme, et l'utilisation de la farine d'avoine au lieu des flocons permet d'obtenir une purée crémeuse et d'accélérer la cuisson le matin. Mais, puisque la farine d'avoine contient du gluten, attendez que votre bébé ait 9 mois avant de lui en donner (ou bien utilisez des flocons de quinoa).

ENVIRON 4 PORTIONS

PRÉPARATION + CUISSON
6 + 7 minutes

CONSERVATION
Laissez refroidir puis couvrez et réfrigérez jusqu'à 2 jours. Ne pas congeler.

BIENFAITS
La farine d'avoine est une bonne source de glucides, fournisseurs d'énergie, ainsi que de fibres solubles et insolubles, ce qui en ralentit la digestion, libérant progressivement le glucose dans la circulation sanguine pour maintenir l'énergie de votre bébé. Elle est aussi riche en vitamines B, vitamine E et en minéraux stimulateurs d'immunité comme le sélénium, le fer et le zinc. Ajouter les graines de lin est un moyen facile d'augmenter l'apport de votre bébé en oméga 3 et fournit d'autres fibres solubles pour lutter contre la constipation.

1 pomme pelée, évidée et
　coupée en petits morceaux
50 g / 1¾ oz de farine d'avoine
　ou de flocons de quinoa
180 ml / 6 oz / ½ t de lait entier

100 g / 3½ oz / 1 t de cerises
　dénoyautées fraîches ou
　congelées
1 c. à t. de graines de lin

1 Mettez tous les ingrédients à l'exception des graines de lin dans une casserole et portez progressivement à ébullition. Réduisez le feu et faites cuire à découvert 5 minutes jusqu'à ce que le liquide soit presque entièrement absorbé. Ajoutez les graines de lin et mélangez.
2 Mixez et réduisez le tout en purée jusqu'à obtenir la consistance voulue.

soupe carotte-orange

La soupe permet facilement d'introduire de nouvelles saveurs. Ici, la carotte et l'orange adoucissent le goût de l'ail et de l'oignon. Les oignons rouges conviennent aux bébés car ils sont moins forts et plus riches en quercétine que les autres variétés.

ENVIRON 4 PORTIONS

PRÉPARATION + CUISSON
15 + 25 minutes

CONSERVATION
Laissez refroidir puis couvrez et réfrigérez jusqu'à 2 jours, ou congelez jusqu'à 1 mois.

2 c. à t. d'huile d'olive
1 petit oignon rouge émincé
1 gousse d'ail émincée
1 petite patate douce coupée en morceaux
400 g / 14 oz de carottes coupées en morceaux
Le jus et le zeste de 1 orange bio

500 ml / 17 oz / 2 t de bouillon végétal (sans sel ajouté) ou d'eau
100 ml / 3½ oz / ½ t de lait entier
Lait maternel ou en poudre pour alléger (facultatif)

BIENFAITS
Les oranges sont bien connues pour leur richesse en vitamine C, importante pour le système immunitaire de votre bébé et pour éviter les pathologies infectieuses de l'enfance. Mais les oranges sont aussi remplies d'autres nutriments, dont les fibres solubles qui aident le système digestif à fonctionner de manière optimale. Elles contiennent également toute une batterie d'antioxydants anticancer, comme le limonène, qui luttent contre les maladies et ont un effet protecteur, notamment contre certains cancers.

1 Faites chauffer l'huile dans une grande casserole et ajoutez, sur feu moyen, l'oignon et l'ail. Faites revenir 1 minute puis ajoutez la patate douce, les carottes, le jus et le zeste d'orange. Remuez puis ajoutez le bouillon.
2 Portez à ébullition puis réduisez le feu et laissez mijoter à découvert pendant 15 à 20 minutes. Ajoutez le lait entier et continuez la cuisson.
3 Mixez le tout et incorporez un peu du lait habituel de votre bébé si la soupe est trop épaisse.

030

polenta florentine

Cette polenta, simple, crémeuse, nourrissante et délicieuse, est une fantastique alternative à la purée. Les tomates peuvent provoquer des réactions allergiques chez certains enfants. Surveillez-en les manifestations (rougeurs, gonflements).

ENVIRON 6 PORTIONS

PRÉPARATION + CUISSON
6 + 10 minutes

CONSERVATION
Laissez refroidir puis couvrez et réfrigérez jusqu'à 2 jours, ou congelez jusqu'à 1 mois.

BIENFAITS
L'épinard est une bonne source de fer, ce qui en fait un légume intéressant pour tous les bébés mais surtout pour les végétariens. Votre enfant a besoin de fer pour produire des globules rouges sains qui transportent l'oxygène efficacement dans l'organisme. L'épinard fournit aussi d'autres nutriments essentiels comme les vitamines A et B (y compris le folate) pour l'énergie, et des minéraux calmants comme le calcium et le magnésium.

700 ml / 24 oz / 3 t de lait entier
150 g / 5½ oz / 1 t de polenta cuisson rapide

75 g / 2½ oz de feuilles d'épinards ciselées
1 tomate coupée finement
6 c. à s. de mascarpone

1 Portez le lait à ébullition dans une casserole et incorporez lentement la polenta. Réduisez le feu et faites cuire pendant 5 minutes sans cesser de remuer.
2 Ajoutez les épinards et la tomate et mélangez pendant 3 minutes jusqu'à ce qu'ils soient tendres. Incorporez le mascarpone.
3 Mixez le tout jusqu'à obtenir la texture désirée.

suprême de maïs

Lorsque votre bébé sait mâcher, laissez un peu de texture dans cette délicieuse soupe. Pour une option sans produits laitiers, utilisez du lait de coco plutôt que du lait de vache.

2 c. à t. d'huile d'olive
1 oignon rouge émincé
2 gousses d'ail émincées
1 petite patate douce pelée et coupée en morceaux
600 ml / 21 oz / 2½ t de lait entier

250 g / 9 oz de courge butternut, pelée, épépinée et coupée en morceaux
1 petite carotte en morceaux
200 g / 7 oz de maïs en boîte, égoutté

1 Chauffez l'huile dans une grande casserole sur feu moyen et faites revenir l'oignon et l'ail pendant 2-3 minutes. Ajoutez les légumes, le lait et 300 ml / 10½ oz / 1¼ t d'eau. Portez à ébullition puis réduisez le feu, couvrez et laissez mijoter 15 minutes.
2 Ajoutez le maïs et faites cuire doucement 3 minutes supplémentaires. Mixez jusqu'à obtenir la consistance voulue. Saupoudrez éventuellement de ciboulette et servez.

ENVIRON 6 PORTIONS

PRÉPARATION + CUISSON
15 + 25 minutes

CONSERVATION
Laissez refroidir puis couvrez et réfrigérez jusqu'à 2 jours, ou congelez jusqu'à 1 mois.

BIENFAITS
Le maïs est une bonne source de fibres et de vitamines B, y compris la B1 (thiamine), la B3 (niacine) et la B5 (acide pantothénique), toutes importantes pour la production d'énergie. C'est aussi une bonne source d'acide folique, dont l'organisme de votre bébé a besoin pour fabriquer les globules rouges et préserver le système nerveux. Sa couleur jaune vient de la zéaxanthine, un antioxydant qui favorise une bonne vision.

032

Ⓥ Ⓧ Ⓧ Ⓞ Ⓞ Ⓞ Ⓞ

ENVIRON 4 PORTIONS

PRÉPARATION + CUISSON
10 + 17 minutes

CONSERVATION
Laissez refroidir puis couvrez et réfrigérez jusqu'à 2 jours, ou congelez jusqu'à 1 mois.

BIENFAITS
Les graines de sésame sont de petits concentrés de nutriments. Elles regorgent de vitamine E ainsi que d'oméga 6, principaux composants structurels des membranes du cerveau. Les graines de sésame sont aussi riches en protéines, en zinc, en calcium et en magnésium dont votre bébé a besoin pour relaxer ses muscles, former son squelette, assurer sa croissance et son développement général.

mini-carottes au gingembre

La note sucrée des mini-carottes s'associe très bien avec le goût de noisette des graines de sésame. Vous pouvez aussi les préparer sans les graines de sésame si vous soupçonnez une intolérance chez votre bébé. Cette purée conviendra également aux plus grands.

300 g / 10½ oz de mini-carottes pelées et coupées en rondelles
2 petites patates douces pelées et coupées en rondelles
25 g / 1 oz de beurre doux

1 c. à s. d'huile de sésame
1 c. à t. de gingembre pelé et râpé
1 c. à s. de graines de sésame
Lait maternel ou en poudre pour alléger (facultatif)

1 Mettez les carottes, les patates douces, le beurre, le gingembre et 200 ml / 7 oz / 1 t d'eau dans une grande casserole. Portez à ébullition puis réduisez le feu et laissez cuire à découvert pendant 10 minutes jusqu'à évaporation du liquide.

2 Ajoutez l'huile et les graines de sésame, remuez et couvrez. Laissez mijoter 5 minutes supplémentaires.

3 Mixez et ajoutez si nécessaire un peu du lait habituel de votre bébé ou un peu d'eau pour obtenir la consistance souhaitée.

purée de poivrons rouges

Les poivrons grillés donnent un goût sucré et fumé à cette purée. Lorsque votre bébé est prêt à manger avec les doigts (étape 3), faites-lui tremper des toasts ou des biscuits salés dans cette purée.

1 petite patate douce
2 poivrons rouges coupés en deux et épépinés
1 c. à s. de purée de tomates séchées
2 c. à s. d'huile de lin ou de chanvre

1 Préchauffez le four à 190 °C / 375 °F. Piquez la patate douce avec une fourchette et faites-la cuire au four environ 45 minutes. Laissez refroidir légèrement, puis recueillez la chair et réservez.

2 Mettez le four sur gril à environ 200 °C / 400 °F. Posez les moitiés de poivron sur une feuille de papier sulfurisé et faites-les griller, la peau vers le haut, pendant 10 minutes, jusqu'à ce qu'ils noircissent. Sortez-les du four et mettez-les dans un bol. Recouvrez d'un film cellophane et laissez refroidir 5 à 10 minutes. Retirez la peau noircie et coupez grossièrement la chair du poivron.

3 Mixez tous les ingrédients ensemble et ajoutez un peu d'eau pour alléger si nécessaire.

ENVIRON 4 PORTIONS

PRÉPARATION + CUISSON
20 + 55 minutes

CONSERVATION
Laissez refroidir puis couvrez et réfrigérez jusqu'à 2 jours, ou congelez jusqu'à 1 mois.

BIENFAITS
Les poivrons rouges sont truffés de bêta-carotène, de vitamines C et E et de zinc, qui stimulent l'immunité. Ensemble, ces nutriments aident à combattre les petites infections de l'enfance, à protéger les poumons de votre bébé et favorisent la santé de sa peau. Les poivrons rouges contiennent aussi des caroténoïdes comme le lycopène, la lutéine et la zéaxanthine, tous bons pour la vision.

ENVIRON 4 PORTIONS

PRÉPARATION + CUISSON
10 + 12 minutes

CONSERVATION
Laissez refroidir puis couvrez
et réfrigérez jusqu'à 2 jours,
ou congelez jusqu'à 1 mois.

BIENFAITS
Le brocoli est riche en vitamine C, en antioxydants et en
composés sulfurés connus
sous le nom de glucosinolates.
Ceux-ci aident l'organisme de
votre bébé à éliminer les toxines
et le protègent contre certaines
maladies. Le brocoli est aussi
une bonne source d'acide
folique, utile pour l'énergie et
qui évite l'anémie. Riche en
fibres solubles, il aide à réguler
le fonctionnement des intestins
et à prévenir la constipation. Le
tahini fournit des protéines et
des acides gras essentiels pour
le développement et la santé des
cellules de votre bébé, ainsi que
du calcium et du magnésium
pour la croissance de ses os.

crème à la poire et au brocoli

L'utilisation du tahini (pâte de sésame) permet
d'augmenter le contenu nutritionnel de l'alimentation de votre enfant sans faire une purée
trop bourrative. Il donne une texture crémeuse
tandis que la poire sucrée atténue le goût plus
prononcé du brocoli.

200 g / 7 oz de fleurettes de
   brocoli rincées et coupées
   en morceaux

2 poires pelées, évidées
   et coupées de manière
   homogène
1 c. à s. de tahini

1 Mettez le brocoli et les poires dans une casserole avec
4 ou 5 c. à s. d'eau. Portez à ébullition puis réduisez le
feu et faites cuire à découvert pendant 8 à 10 minutes.
Ajoutez le tahini.
2 Mixez jusqu'à obtenir une purée épaisse.

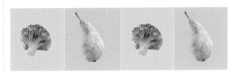

poulet au pot

Le poulet est une première protéine idéale pour votre bébé. Son goût est doux et il est très digeste.

1 c. à s. d'huile d'olive
1 petit oignon rouge émincé
1 gousse d'ail émincée
4 cuisses de poulet coupées en deux sans os et sans peau
1 blanc de poireau émincé
Le zeste de 1 citron bio
150 g / 5½ oz / ¾ t de riz brun

450 ml / 16 oz / 2 t de bouillon de poulet (sans sel ajouté) ou d'eau
Une pincée de safran (facultatif)
Lait maternel ou en poudre pour alléger (facultatif)

ENVIRON 6 PORTIONS

PRÉPARATION + CUISSON
15 + 40 minutes

CONSERVATION
Laissez refroidir puis couvrez et réfrigérez jusqu'à 2 jours, ou congelez jusqu'à 1 mois.

BIENFAITS
Le poulet contient tous les acides aminés essentiels dont votre bébé a besoin pour sa croissance et son développement, et il est riche en vitamines B3, B6 et B12, importantes pour la production d'énergie. Le poulet biologique est naturellement plus concentré en oméga 3 dont votre bébé a besoin pour la structure de son cerveau. Le safran est utile pour soulager les troubles digestifs, la colique et les gaz, et stimuler l'appétit.

1 Faites chauffer l'huile sur feu moyen dans une grande casserole. Ajoutez l'oignon et l'ail et faites revenir 2-3 minutes.

2 Ajoutez le poulet et le poireau. Remuez pour bien imprégner d'huile. Faites cuire 4 minutes jusqu'à ce que le poulet soit légèrement doré de tous les côtés.

3 Ajoutez le zeste de citron, le riz, le bouillon et le safran et touillez bien. Portez à ébullition puis réduisez le feu, couvrez et laissez mijoter 30 minutes jusqu'à ce que le riz soit tendre et le poulet bien cuit.

4 Laissez refroidir légèrement puis mixez le tout pour obtenir la texture désirée. Ajoutez un peu du lait habituel de votre bébé pour alléger si nécessaire.

curry poulet-coco

Le curry est un bon début pour introduire des saveurs exotiques. Plutôt que d'utiliser de la pâte de curry déjà prête, trop riche en sel et additifs, faites-la vous-même, à l'aide d'épices et d'ail.

ENVIRON 4 PORTIONS

PRÉPARATION + CUISSON
15 + 25 minutes

CONSERVATION
Laissez refroidir puis couvrez et réfrigérez jusqu'à 2 jours, ou congelez jusqu'à 1 mois.

BIENFAITS
Le lait de coco est un grand stimulant d'énergie car il est riche en triglycérides de chaîne moyenne, qui favorisent la production d'énergie et ne sont pas stockés dans l'organisme sous forme de graisses. C'est aussi une bonne source d'acide laurique (naturellement présent dans le lait maternel), que l'organisme transforme en une substance antivirale et antibactérienne appelée monolaurine. Contrairement à d'autres noix et graines, la noix de coco se digère facilement, est mieux assimilée et moins susceptible de provoquer des réactions allergiques.

1 c. à s. d'huile d'olive
1 gousse d'ail émincée
1 petit oignon rouge émincé
1 c. à t. de poudre de curry
½ c. à t. de curcuma
1 patate douce pelée et coupée en morceaux
400 ml / 14 oz / 1⅔ t de lait de coco
½ petit chou-fleur détaché en petites fleurettes
4 c. à s. de lentilles corail séchées, rincées et égouttées
175 g / 6 oz de blanc de poulet sans peau ni os, coupé en petits morceaux

1 Chauffez l'huile dans une grande casserole et faites revenir l'ail, l'oignon, la poudre de curry et le curcuma pendant 2-3 minutes. Ajoutez la patate douce, le chou-fleur, les lentilles corail et le poulet, et mélangez bien.
2 Versez le lait de coco, portez à ébullition puis réduisez le feu, couvrez et faites cuire 20 minutes jusqu'à ce que les lentilles soient tendres et le poulet bien cuit. Ajoutez un peu d'eau si la préparation devient trop sèche.
3 Une fois que le poulet est cuit, mixez pour obtenir une purée épaisse.

cassoulet au poulet et haricots blancs

Cette cassolette crémeuse et tout-en-un apporte les saveurs de la Toscane à votre bébé ! Les haricots blancs ont une texture douce qui se marie très bien avec les légumes.

ENVIRON 6 PORTIONS

PRÉPARATION + CUISSON
15 + 30 minutes

CONSERVATION
Laissez refroidir puis couvrez et réfrigérez jusqu'à 2 jours, ou congelez jusqu'à 1 mois.

BIENFAITS
Les haricots, y compris les haricots blancs, fournissent une source importante de fibres, de protéines, de vitamines et de minéraux. Ils empêchent les pics de sucre dans le sang, ce qui aide votre bébé à maintenir sa concentration. Le contenu en fibres de ces haricots les rend particulièrement bons pour le système digestif et pour éviter la constipation.

1 c. à s. d'huile d'olive
1 oignon émincé
4 cuisses de poulet sans os ni peau, coupées en deux
2 gousses d'ail émincées
150 ml / 5 oz / ⅔ t de bouillon de volaille (sans sel ajouté) ou d'eau
Le jus de ½ citron

8 tomates-cerises coupées en deux
100 g / 3½ oz de fleurettes de brocoli
400 g / 14 oz de haricots blancs en boîte, égouttés
2 c. à s. de feuilles de persil ciselées
3 c. à s. de crème fraîche

1 Chauffez l'huile dans une casserole sur feu moyen et faites revenir l'oignon pendant 2-3 minutes. Ajoutez le poulet et l'ail et mélangez jusqu'à ce que le poulet soit légèrement doré sur chaque face. Ajoutez les autres ingrédients, sauf le persil et la crème fraîche. Portez à ébullition puis réduisez le feu, couvrez et laissez mijoter pendant 20 minutes jusqu'à ce que le poulet soit bien cuit.
2 Ajoutez le persil et la crème fraîche et faites chauffer 1 à 2 minutes. Retirez du feu et mixez pour obtenir une consistance avec morceaux.

ENVIRON 6 PORTIONS

PRÉPARATION + CUISSON
12 + 16 minutes

CONSERVATION
Laissez refroidir puis couvrez et réfrigérez jusqu'à 2 jours, ou congelez jusqu'à 1 mois.

BIENFAITS
La dinde est une bonne source de protéines pour votre bébé car elle est riche en tryptophane, acide aminé important dans la production de sérotonine. Ce composé chimique qui calme l'esprit aide à réguler le sommeil de votre bébé. La dinde est un aliment très énergétique car riche en vitamines B. Elle contient aussi du zinc et du sélénium, utiles pour l'immunité.

sucré-salé de dinde

Une excellente manière de faire découvrir les saveurs «sucré-salé» à Bébé.

2 blancs de dinde coupés en morceaux
1 c. à s. de farine de maïs
1 c. à s. d'huile d'olive
½ oignon rouge émincé
150 g / 5½ oz de pâtes de riz
1 poivron rouge épépiné et coupé en morceaux
80 g / 2¾ oz de morceaux d'ananas frais ou en conserve

Sauce :
3 tomates
1 carotte
½ oignon rouge
60 g / 2¼ oz / ⅓ t de dattes séchées
4 tomates séchées égouttées
2 c. à s. de vinaigre de cidre
1 gousse d'ail émincée
8 c. à s. de jus d'ananas

1 Mixez tous les ingrédients pour la sauce jusqu'à obtenir une texture onctueuse.

2 Dans un bol, saupoudrez la dinde de farine de maïs. Faites chauffer l'huile dans une grande poêle sur feu vif. Ajoutez la dinde et l'oignon et faites dorer pendant 3-4 minutes.

3 Pendant ce temps, faites tremper les pâtes selon les instructions du paquet puis rincez et égouttez. Ajoutez le poivron rouge, l'ananas et la sauce dans la poêle. Portez à ébullition, réduisez le feu et faites mijoter 5 minutes à découvert. Ajoutez les pâtes et faites cuire 2-3 minutes. Réduisez en purée de la consistance désirée.

agneau parfumé à la menthe

Cette purée est étonnamment rapide à préparer et se sert avec des légumes crémeux.

2 carottes pelées et coupées en morceaux	1 c. à s. d'huile d'olive
250 g / 9 oz de pommes de terre pelées et coupées en morceaux	250 g / 9 oz d'agneau haché
	1 oignon émincé
	1 gousse d'ail émincée
1 c. à s. de yaourt nature	½ c. à t. de coriandre
1 c. à s. de feuilles de menthe finement ciselées	½ c. à t. de cumin
	1 c. à s. de purée de tomate
	15 g / ½ oz de beurre doux

1 Faites cuire les carottes et les pommes de terre à la vapeur pendant 8-10 minutes.

2 Pendant ce temps, chauffez l'huile dans une poêle sur feu moyen et faites revenir l'agneau, l'oignon, l'ail, les épices et la purée de tomate pendant 8-10 minutes. Ajoutez un peu d'eau si la mixture se dessèche. Parsemez de la moitié des feuilles de menthe et retirez du feu.

3 Mixez les légumes avec le beurre, le yaourt et les feuilles de menthe restantes pour obtenir une purée onctueuse. À côté, mixez l'agneau avec un peu d'eau si besoin pour obtenir la consistance désirée. Pour servir, mettez une cuillerée d'agneau dans un bol et recouvrez de purée.

ENVIRON 6 PORTIONS

PRÉPARATION + CUISSON
15 + 15 minutes

CONSERVATION
Laissez refroidir puis couvrez et réfrigérez jusqu'à 2 jours, ou congelez jusqu'à 1 mois.

BIENFAITS
L'agneau est une excellente source de protéines et de vitamines B, dont votre bébé a besoin pour son énergie. Il fournit également une bonne quantité de fer facilement absorbable et de vitamine B12, utiles pour assurer sa production de globules rouges.

040

PRÉPARATION + CUISSON
20 minutes + 2 h 15

CONSERVATION
Laissez refroidir puis couvrez et réfrigérez jusqu'à 2 jours, ou congelez jusqu'à 1 mois.

BIENFAITS
Les champignons shiitaké sont riches en polysaccharides, comme le lentinane, qui améliore l'activité anti-infectieuse des globules blancs dans l'organisme. Ils sont fortement antibactériens et antiviraux et peuvent aider à prévenir certains cancers. En outre, ils sont une bonne source de vitamines B et de fer pour la production d'énergie, ainsi que de zinc pour la peau et le système immunitaire.

agneau mijoté

Essayez cette même recette non mixée pour le reste de la famille.

2 c. à s. d'huile d'olive
600 g / 1 lb 5 oz de gigot ou d'épaule d'agneau, avec l'os
1 petit oignon rouge émincé
1 carotte pelée et coupée en morceaux
2 gousses d'ail émincées
1 brin de thym

300 ml / 10½ oz / 1¼ t de bouillon de volaille (sans sel ajouté)
100 ml / 3½ oz / ½ t de jus de pomme
50 g / 1¾ oz de champignons shiitaké en tranches
50 g / 1¾ oz de champignons noirs en tranches
3 c. à s. de crème fraîche
Poivre noir fraîchement moulu

1 Préchauffez le four à 160 °C / 315 °F. Faites chauffer l'huile dans une grande casserole (qui va au four) sur feu moyen. Assaisonnez l'agneau avec le poivre, mettez-le dans la casserole et faites dorer 5 minutes. Retirez et réservez.
2 Ajoutez l'oignon, la carotte, l'ail et le thym et faites revenir 2-3 minutes. Retournez l'agneau dans la casserole. Ajoutez le bouillon et le jus de pomme.
3 Couvrez et faites cuire au four pendant 2 heures.
4 Retirez la viande de la casserole, ôtez l'os et coupez-la en morceaux. Retirez la carotte et réduisez-la en purée.
5 Ajoutez les champignons. Portez à ébullition, réduisez le feu et laissez cuire à découvert 2-3 minutes. Incorporez la crème fraîche et mixez pour obtenir une sauce onctueuse. Servez avec l'agneau et la carotte.

bœuf marocain

Ce ragoût « tout doux » est légèrement aromatisé aux épices douces et sucré aux pruneaux.

2 c. à s. d'huile d'olive
400 g / 14 oz de filet ou de faux-
    filet de bœuf en morceaux
½ c. à t. de cannelle
½ c. à t. de coriandre ciselée
½ c. à t. de cumin
1 oignon rouge émincé
1 carotte pelée et coupée en
    morceaux
2 gousses d'ail émincées

400 g / 14 oz de tomates en
    morceaux
1 patate douce pelée et coupée
    en morceaux
16 pruneaux dénoyautés,
    réhydratés et coupés
    en morceaux
100 g / 3½ oz de pousses
    d'épinards ciselées

ENVIRON 4 PORTIONS

PRÉPARATION + CUISSON
15 minutes + 1 h 10

CONSERVATION
Laissez refroidir puis couvrez
et réfrigérez jusqu'à 2 jours,
ou congelez jusqu'à 1 mois.

BIENFAITS
Le bœuf est une excellente
source de protéines et de fer
facilement assimilable dont votre
bébé a besoin pour produire
de l'énergie. Il apporte aussi
de la vitamine B12, un autre
nutriment important pour
l'énergie et essentiel pour le bon
fonctionnement du cerveau et du
système nerveux. Les épinards,
les pruneaux et les tomates
fournissent du bêta-carotène,
que l'organisme transforme en
vitamine A, un antioxydant utile
pour la peau, les poumons et
les yeux.

1 Préchauffez le four à 160 °C / 315 °F. Chauffez l'huile
dans une grande casserole (qui va au four) sur feu
moyen. Ajoutez le bœuf et les épices et mélangez
pendant 2 minutes jusqu'à ce que le bœuf soit brun
de tous les côtés.
2 Ajoutez l'oignon et la carotte et faites revenir
2-3 minutes, puis complétez avec l'ail, les tomates et
la patate douce. Faites cuire 5 minutes jusqu'à début
d'ébullition.
3 Ajoutez les pruneaux.
4 Couvrez et faites cuire 30 minutes au four, puis ajoutez
les épinards. Remettez au four 30 minutes jusqu'à ce que
le bœuf soit bien cuit. Mixez le tout en une purée épaisse.

042

sauté de porc au sésame

Ici, le sarrasin remplace le riz de manière délicieuse, nourrissante et sans gluten.

ENVIRON 4 PORTIONS

PRÉPARATION + CUISSON
10 + 30 minutes

CONSERVATION
Laissez refroidir puis couvrez et réfrigérez jusqu'à 2 jours, ou congelez jusqu'à 1 mois.

BIENFAITS
Naturellement pauvre en matières grasses, le porc est une source idéale de protéines pour votre bébé. Sa richesse en vitamines B favorise le développement de son système nerveux et régule l'équilibre hormonal et la production des neurotransmetteurs.

50 g / 1¾ oz / ¼ t de sarrasin ou de quinoa
125 ml / 4 oz / ½ t de bouillon de légumes (sans sel ajouté) ou d'eau
200 g / 7 oz de filet de porc coupé en tranches
½ c. à t. de cinq épices chinoises

1 c. à t. d'huile de sésame
1 gousse d'ail émincée
4 c. à s. de jus de pomme
1 c. à s. de graines de sésame
1 c. à s. d'huile d'olive
½ poivron rouge émincé
4 c. à s. de maïs congelé
100 g / 3½ oz de feuilles d'épinards

1 Portez à ébullition le sarrasin et le bouillon, couvrez et laissez cuire 15 minutes à feu doux. Retirez du feu et laissez couvert. Mettez le porc à mariner avec les épices, l'huile de sésame, l'ail et le jus.

2 Grillez les graines de sésame 1 minute à feu vif dans une poêle antiadhésive.

3 Chauffez l'huile d'olive dans une poêle. Faites-y dorer la viande et la marinade 2-3 minutes puis le poivron 3 minutes et enfin le maïs et les épinards 3 minutes. Ajoutez les graines de sésame, le sarrasin et réchauffez le tout. Mixez le sauté obtenu en une purée épaisse.

cabillaud cuit au four à la méditerranéenne

Légère mais riche en protéines, cette recette est un excellent moyen de faire découvrir le poisson à Bébé. Elle est rapide, facile à réaliser et peut être facilement adaptée pour toute la famille. Vérifiez bien qu'il ne reste aucune arête avant de commencer à cuisiner.

4 tomates coupées en deux
2 poivrons rouges épépinés et
    coupés en morceaux
2 c. à t. de vinaigre balsamique
2 c. à s. d'huile d'olive

175 g / 6 oz de filet de cabillaud
    sans peau ni arête
2 c. à s. de jus de citron
1 poignée de feuilles de basilic

1 Préchauffez le four à 180 °C / 350 °F. Mettez les tomates et les poivrons dans un plat qui va au four. Arrosez de vinaigre balsamique et de la moitié de l'huile d'olive. Faites cuire 5 minutes jusqu'à ce que les tomates soient tendres.

2 Retirez le plat du four. Placez le filet de cabillaud parmi les poivrons et les tomates et arrosez d'huile d'olive et de jus de citron. Parsemez de feuilles de basilic et faites cuire 15 minutes jusqu'à ce que le poisson soit bien cuit.

3 Mettez le poisson et les légumes dans un robot et mixez pour obtenir une purée épaisse.

ENVIRON 4 PORTIONS

PRÉPARATION + CUISSON
10 + 20 minutes

CONSERVATION
Laissez refroidir puis couvrez et réfrigérez jusqu'à 2 jours, ou congelez jusqu'à 1 mois.

BEINFAITS
Le cabillaud, excellente source de protéines de haute qualité, est parfaitement digeste. Bien qu'il ne soit pas aussi riche en oméga 3 que les poissons gras, il en contient néanmoins une quantité non négligeable. Il renferme aussi des vitamines B qui aident l'organisme de votre bébé à libérer l'énergie fournie par les aliments qu'il mange.

risotto au brocoli et au saumon

BIENFAITS

Le saumon est un poisson gras particulièrent concentré en oméga 3 DHA et EPA. Ceux-ci contribuent au développement du cerveau et du système nerveux et sont vitaux pour la production d'hormones. Avec la vitamine E et le sélénium (contenus aussi dans le saumon), le DHA et l'EPA gardent la peau de votre bébé en bonne santé. C'est particulièrement important s'il a des problèmes de peau du type eczéma ou psoriasis.

Les bébés adorent le risotto crémeux et, avec son saumon bourré d'oméga 3, cette recette est en quelque sorte la star des risottos. Sa richesse en oméga 3 stimule le développement du cerveau et du système nerveux.

ENVIRON 6 PORTIONS

PRÉPARATION + CUISSON
15 + 30 minutes

CONSERVATION
Laissez refroidir puis couvrez et réfrigérez jusqu'à 2 jours, ou congelez jusqu'à 1 mois.

60 g / 2¼ oz de beurre doux
1 petit oignon émincé
1 gousse d'ail émincée
250 g / 9 oz de riz à risotto
800 ml / 28 oz / 3½ t de bouillon
de légumes (sans sel
ajouté) ou d'eau

180 g / 6¼ oz de filet de saumon
sans peau ni arête, coupé
en morceaux
75 g / 2½ oz de brocoli coupé
en petites fleurettes
50 g / 1 oz / ½ t de parmesan râpé
4 c. à s. de crème fraîche

1 Faites fondre le beurre dans une cocotte sur feu doux. Ajoutez l'oignon et faites-le cuire 3-4 minutes. Incorporez l'ail et cuisez 1 minute de plus.

2 Versez le riz, remuez. Ajoutez progressivement le bouillon chaud en continuant de remuer. Laissez le riz absorber le liquide avant de rajouter du bouillon. Une fois tout le bouillon utilisé, portez à ébullition, réduisez le feu et laissez cuire à découvert pendant 5 minutes en remuant, pour qu'il ne reste plus qu'une petite quantité de liquide.

3 Ajoutez le saumon, le brocoli, le fromage et la crème fraîche. Faites cuire 5-7 minutes jusqu'à ce que le riz soit tendre et le saumon bien cuit. Mixez pour obtenir une purée épaisse.

Utilisez du saumon biologique ou, mieux, sauvage : il contient plus d'acides gras essentiels et pas d'additifs.

purée de sardines crémeuse

Contrairement au thon, les sardines en boîte conservent admirablement les huiles bienfaisantes qu'elles contiennent. Elles constituent donc un excellent dépannage pour des repas santé. Présentez cette recette sous forme de petits gâteaux de poisson, et le tour est joué !

ENVIRON 4 PORTIONS

PRÉPARATION + CUISSON
10 + 18 minutes

CONSERVATION
Laissez refroidir puis couvrez et réfrigérez jusqu'à 2 jours, ou congelez jusqu'à 1 mois.

BIENFAITS
Les sardines sont des poissons gras, donc riches en oméga 3 bons pour le fonctionnement cérébral, la vivacité mentale et la concentration. Elles fournissent également de la vitamine D, qui aide à fabriquer des os et des dents solides, et du sélénium, un minéral antioxydant important pour un système immunitaire fort.

300 g / 10½ oz de pommes de terre pelées et coupées en morceaux
10 g / ¼ oz de beurre doux
1 c. à s. de persil plat ciselé

100 g / 3½ oz de sardines à l'huile d'olive, sans arête, égouttées
2 c. à s. de jus de citron
4 c. à s. de fromage frais

1 Faites cuire les pommes de terre 10-15 minutes dans l'eau bouillante jusqu'à ce qu'elles soient tendres. Égouttez-les, puis remettez-les 1 minute dans la casserole pour les assécher.
2 Ajoutez les sardines et les autres ingrédients et écrasez pour obtenir une purée épaisse.

tourte au poisson

En plus du poisson, cette recette contient du chou-fleur et de la patate douce, bienvenus pour leurs apports supplémentaires.

1 échalote émincée
200 ml / 7 oz / ¾ t de lait entier
1 c. à s. de farine de maïs, mélangée à 2 c. à s. d'eau pour faire une pâte
300 g / 10½ oz de poisson blanc sans peau ni arête, coupé en morceaux

30 g / 1 oz de beurre doux
1 c. à s. de persil plat ciselé
1 c. à s. de jus de citron
150 g / 5½ oz de chou-fleur coupé en petites fleurettes
250 g / 9 oz de patate douce, pelée et coupée en morceaux
4 c. à s. de gruyère râpé

ENVIRON 6 PORTIONS

PRÉPARATION + CUISSON
15 + 40 minutes

CONSERVATION
Laissez refroidir puis couvrez et réfrigérez jusqu'à 2 jours, ou congelez jusqu'à 1 mois.

BIENFAITS
Le chou-fleur, comme d'autres membres de la famille des brassicacées, est riche en composés sulfurés qui aident l'organisme à gérer efficacement les toxines et à combattre les maladies. Le chou-fleur, bonne source de fibres solubles, aide à stabiliser les niveaux de sucre sanguin et régule les mouvements intestinaux. Il fournit également de l'acide folique, bon pour le sang de votre bébé.

1 Préchauffez le four à 200 °C / 400 °F. Faites fondre la moitié du beurre dans une casserole et faites revenir l'échalote 1-2 minutes puis versez lentement le lait et la pâte à base de farine de maïs. Portez à ébullition, réduisez le feu et laissez épaissir le mélange 2-3 minutes en remuant.

2 Ajoutez le poisson, le persil et le jus de citron. Faites cuire 3-4 minutes puis transvasez dans un plat à tarte.

3 Faites cuire le chou-fleur et la patate douce 8-10 minutes au cuit-vapeur puis écrasez avec le beurre.

4 Étalez la purée sur le poisson et parsemez de fromage râpé. Faites dorer 20 minutes au four. Écrasez la tourte avec une fourchette avant de servir.

ENVIRON 4 PORTIONS

PRÉPARATION + CUISSON
7 + 15 minutes

CONSERVATION
Laissez refroidir puis couvrez
et réfrigérez jusqu'à 3 jours,
ou congelez jusqu'à 1 mois.

BIENFAITS
Bien que le thon en boîte ne soit
pas particulièrement riche en
oméga 3, c'est une bonne source
de sélénium, qui favorise la santé
immunitaire de votre bébé, et de
vitamines B, importantes pour
réguler son humeur et stimuler
son intellect. Particulièrement
riche en vitamine B6, il aide
votre bébé à mieux digérer
les protéines pour éviter les
inconforts digestifs.

fondue de maïs et de thon

Ce repas est parfait lorsque vous manquez
de temps, car il se prépare en quelques
minutes. Le thon en boîte est une bonne
source de protéines pour votre bébé, ainsi
que de minéraux antioxydants. Utilisez du
thon conservé dans l'eau plutôt que dans
une saumure.

2 c. à t. d'huile d'olive	75 g / 2½ oz de maïs doux en
1 échalote émincée	boîte, égoutté
200 g / 7 oz de thon en conserve	75 g / 2½ oz de gruyère râpé
dans l'eau, égoutté	6 c. à s. de crème fraîche

1 Préchauffez le four à 200 °C / 400 °F. Chauffez l'huile dans
une poêle sur feu vif et ajoutez l'échalote. Faites revenir
2-3 minutes. Ajoutez le thon et le maïs et mélangez bien.
2 Mettez la mixture au thon dans un plat qui va au four.
Mélangez-y le fromage et la crème fraîche.
3 Faites cuire 10 minutes jusqu'à ce que le fromage ait
fondu et que la préparation soit légèrement dorée. Mixez
pour obtenir une purée épaisse.

quinoa printanier au fromage

Donner des légumes de saison à votre bébé c'est lui garantir une diversité alimentaire et un maximum d'apports nutritionnels. Les légumes de saison sont plus denses en nutriments que les autres.

ENVIRON 6 PORTIONS

PRÉPARATION + CUISSON
15 + 18 minutes

CONSERVATION
Laissez refroidir puis couvrez et réfrigérez jusqu'à 3 jours, ou congelez jusqu'à 1 mois.

BIENFAITS
L'asperge est particulièrement riche en acide folique dont l'organisme de votre bébé a besoin pour fabriquer des globules rouges sains et pro- duire de l'énergie. L'équilibre en sodium-potassium dans l'asperge, avec l'acide aminé appelé asparagine, rend ce légume particulièrement utile pour améliorer le fonctionne- ment du foie et des reins, car tous deux aident à éliminer les déchets du corps. L'asperge est également riche en vitamines C et E antioxydantes, et en glutathion pour soutenir le système immunitaire.

115 g / 4 oz / ½ t de quinoa ou de riz blanc
1 carotte coupée en morceaux
250 ml / 9 oz / 1 t de bouillon de légumes (sans sel ajouté) ou d'eau
4 pointes d'asperges coupées en morceaux
1 petite courgette coupée en cubes
15 g / ½ oz de beurre doux
4 tomates-cerises coupées en deux
75 g / 2½ oz / ⅔ t de gruyère râpé
1 c. à s. de basilic ciselé

1 Mettez le quinoa et la carotte dans une casserole avec le bouillon et portez à ébullition. Réduisez le feu, couvrez et laissez cuire 5 minutes.

2 Ajoutez les asperges et la courgette, puis remettez le couvercle et faites cuire 10 minutes jusqu'à ce que presque tout le liquide soit absorbé. Ajoutez le beurre et les tomates et faites cuire à couvert 2-3 minutes.

3 Retirez du feu et ajoutez le fromage et le basilic. Mixez pour obtenir la consistance désirée.

*pâtes de riz au poivron rouge

BIENFAITS

Préparé à partir de haricots de soja, le tofu est une source complète de protéines. Également riche en calcium, il est une alternative utile pour les végétariens ou les allergiques aux produits laitiers. Le tofu contient des vitamines B (y compris du folate), du fer et des oméga 3, ce qui en fait un aliment de choix pour votre bébé.

Le tofu contient tous les acides aminés essentiels pour une croissance optimale. Dans cette super-purée, le tofu est mariné pour lui donner une saveur fruitée.

200 g / 7 oz de tofu ferme
    en cubes
115 g / 4 oz de pâtes de riz
2 c. à s. d'huile d'olive
1 échalote émincée
1 poivron rouge épépiné
    et coupé en morceaux
1 gousse d'ail émincée
8 tomates en morceaux

1 c. à s. de tomate séchée,
    mixée
Marinade :
½ c. à t. de cinq épices
    chinoises
1 c. à s. d'huile de sésame
1 gousse d'ail émincée
4 c. à s. de jus de pomme

ENVIRON 6 PORTIONS

PRÉPARATION + CUISSON
15 + 15 minutes + marinade

CONSERVATION
Laissez refroidir puis couvrez et réfrigérez jusqu'à 3 jours. Ne pas congeler.

1 Mettez le tofu dans un bol. Ajoutez-y les ingrédients pour la marinade. Laissez mariner 30 minutes. Cassez les pâtes de riz en morceaux de 1 cm / ½ po puis cuisez-les selon les instructions du paquet.
2 Chauffez la moitié de l'huile d'olive dans une poêle et faites-y dorer le tofu 3-4 minutes.
3 Chauffez le reste de l'huile dans une casserole. Ajoutez l'échalote, le poivron rouge et l'ail et faites cuire 5 minutes. Ajoutez les tomates fraîches et séchées. Portez à ébullition, réduisez le feu et laissez mijoter 5-6 minutes.
4 Retirez du feu, puis mixez en une sauce épaisse. Ajoutez les pâtes et le tofu à la sauce et écrasez le tout en une purée consistante.

Le soja est parfois allergisant car il contient des isoflavones, ne l'utilisez qu'en petites quantités une ou deux fois par semaine.

ENVIRON 6 PORTIONS

PRÉPARATION + CUISSON
15 + 17 minutes

CONSERVATION
Laissez refroidir puis couvrez et réfrigérez jusqu'à 3 jours, ou congelez jusqu'à 1 mois.

BIENFAITS
Riches en cuivre et en fer (presque deux fois plus de fer que dans les autres noix), les noix de cajou favorisent la fabrication de globules rouges sains. Elles fournissent également du magnésium pour des os et des dents en bonne santé, ainsi que du zinc pour les fonctions immunitaires, une peau et des cheveux sains. Elles sont aussi une bonne source de protéines pour les végétariens et d'acides gras mono-insaturés, qui aident à protéger le cœur de votre bébé.

purée de légumes à la sauce cajou

Ici, les noix de cajou au goût très doux se marient bien à des saveurs fortes comme l'ail et les herbes.

Purée :
300 g / 10½ oz de patates douces pelées et coupées en morceaux
2 carottes pelées et coupées en morceaux
1 panais pelé et coupé en morceaux

Sauce :
200 g / 7 oz / 1⅓ t de noix de cajou
250 ml / 9 oz / 1 t de bouillon de légumes (sans sel ajouté)
1 échalote émincée
1 gousse d'ail émincée
1 c. à s. de persil plat ciselé

1 Faites cuire les légumes dans un cuit-vapeur 10-12 minutes jusqu'à ce qu'ils soient tendres.

2 Pendant ce temps, mixez les noix de cajou, le bouillon de légumes, l'échalote, l'ail et le persil jusqu'à obtenir une texture onctueuse et crémeuse. Versez la sauce dans une petite casserole, portez à ébullition, puis réduisez le feu et laissez cuire 1-2 minutes.

3 Mixez les légumes cuits en ajoutant suffisamment de sauce pour obtenir une purée onctueuse. Remplissez un bol de purée et recouvrez-la du reste de la sauce.

lentilles aux pommes

Les lentilles rouges ont une texture douce et sont riches en nutriments. Dans ce plat savoureux, elles sont associées à une petite pomme pour le côté sucré et quelques épices douces.

1 c. à s. d'huile d'olive
1 échalote émincée
¼ c. à t. de cumin
¼ c. à t. de cannelle
¼ c. à t. de coriandre ciselée
1 tomate coupée en morceaux

100 g/3½ oz de lentilles corail, rincées et égouttées
1 pomme pelée, évidée et coupée en morceaux
450 ml/16 oz/2 t de bouillon de légumes (sans sel ajouté)

1 Chauffez l'huile dans une casserole à feu vif et faites revenir l'échalote pendant 2-3 minutes. Ajoutez les épices, les lentilles, la pomme, la tomate et le bouillon.
2 Portez à ébullition puis réduisez le feu, couvrez et laissez mijoter 25 minutes jusqu'à ce que les lentilles soient tendres et aient absorbé presque tout le liquide. Enfin, mixez jusqu'à consistance désirée.

ENVIRON 4 PORTIONS

PRÉPARATION + CUISSON
10 + 30 minutes

CONSERVATION
Laissez refroidir puis couvrez et réfrigérez jusqu'à 3 jours, ou congelez jusqu'à 1 mois.

BIENFAITS
Les lentilles corail sont une excellente source de fer qui aide le sang à transporter l'oxygène. Elles fournissent aussi du zinc pour la régulation hormonale et la santé du système immunitaire et se digèrent plus facilement que d'autres légumineuses. Si vous craignez gaz et colique, faites d'abord tremper les lentilles, puis rincez-les bien avant de les cuire.

ENVIRON 6 PORTIONS

PRÉPARATION + CUISSON
15 + 35 minutes

CONSERVATION
Laissez refroidir puis couvrez
et réfrigérez jusqu'à 3 jours,
ou congelez jusqu'à 1 mois.

BIENFAITS
Les pois chiches sont une source
fantastique de manganèse,
dont votre bébé a besoin pour
fabriquer de l'os et divers
tissus dans l'organisme. Ils
contiennent aussi du calcium et
du magnésium pour renforcer
les os. Riches en fibres solubles,
les pois chiches stimulent le
fragile système digestif de
votre bébé. Le fenouil contient
un phytonutriment appelé
anéthole, qui aide à réduire les
inflammations et à soulager les
problèmes digestifs. Il est également riche en fibres solubles et
nourrit les bonnes bactéries du
ventre de votre bébé en plein
développement.

potée de pois chiches et fenouil

L'association du citron et du fenouil dans
cette recette vient directement des rivages
ensoleillés de la Méditerranée. Vous pouvez
le servir non mixé avec du riz pour le reste
de la famille.

1 c. à s. d'huile d'olive
30 g / 1 oz de beurre doux
1 oignon émincé
3 carottes pelées et coupées en
    morceaux
2 branches de céleri émincées
1 bulbe de fenouil émincé

350 ml / 12 oz / 1½ t de bouillon
    de légumes (sans sel ajouté)
150 ml / 5 oz / ⅔ t de jus de
    pomme
Le jus et le zeste râpé de
    2 citrons bio
400 g / 14 oz de pois chiches
    en conserve, égouttés

1 Chauffez l'huile et le beurre dans une grande casserole à
feu vif. Ajoutez les légumes et faites-les revenir 5 minutes.
Versez le bouillon, le jus de pomme, le jus et le zeste
de citron, ainsi que les pois chiches. Portez à ébullition,
réduisez le feu, couvrez et faites cuire 15 minutes.

2 Retirez le couvercle et prolongez la cuisson 10 minutes, jusqu'à ce que les légumes soient tendres et que
le bouillon ait un peu réduit. Enfin, mixez pour obtenir
une purée épaisse.

polenta au fromage et purée de courge butternut

La courge butternut (ou «doubeurre») grillée a une saveur sucrée et caramélisée que Bébé va adorer. La polenta douce et crémeuse s'associe bien avec le piquant du fromage de chèvre.

1 petite courge butternut pelée, épépinée et coupée en cubes	150 g / 5½ oz / 1 t de polenta
2 c. à t. d'huile d'olive	15 g / ½ oz de beurre doux
500 ml / 17 oz / 2 t de lait entier	100 g / 3½ oz de fromage de chèvre émietté

1 Préchauffez le four à 200 °C / 400 °F. Mettez la courge sur la lèchefrite et arrosez d'huile d'olive. Faites griller pendant 30-40 minutes puis retirez du four et écrasez à la fourchette.

2 Pour préparer la polenta, portez le lait à ébullition et incorporez lentement la semoule en remuant continuellement. Réduisez le feu et faites cuire 6-7 minutes. Ajoutez le beurre et le fromage de chèvre et remuez jusqu'à ce qu'ils aient fondu.

3 Versez une cuillerée de polenta dans un bol et recouvrez de la courge en purée.

ENVIRON 6 PORTIONS

PRÉPARATION + CUISSON
10 + 50 minutes

CONSERVATION
Laissez refroidir puis couvrez et réfrigérez jusqu'à 2 jours, ou congelez jusqu'à 1 mois.

BIENFAITS
Le fromage de chèvre est léger et facile à digérer pour le système digestif délicat de votre bébé. Il fournit des protéines pour la croissance et le développement, et du calcium pour renforcer les os. La courge butternut est riche en en vitamine C et bêta-carotène (converti par l'organisme en vitamine A et essentiel pour l'immunité et la peau de votre bébé).

054

ⓥ ⓧ ⓧ ⓧ ⓧ ⓧ ⓧ ⓧ ⓧ

épinards et ricotta au four

ENVIRON 4 PORTIONS

PRÉPARATION + CUISSON
10 + 35 minutes

CONSERVATION
Laissez refroidir puis couvrez et réfrigérez jusqu'à 3 jours. Ne pas congeler.

BIENFAITS
Le fromage, comme d'autres produits laitiers, est une source importante de zinc et de protéines, ainsi que de minéraux, comme l'iode, dont votre bébé a besoin pour un bon fonctionnement de sa thyroïde (qui régule le métabolisme). Bien que la ricotta ne soit pas un fromage au sens strict du terme (car elle est faite à partir de petit-lait et non de lait), elle est particulièrement bonne pour votre bébé car riche en calcium pour renforcer les os et très pauvre en sel.

La ricotta, faite de petit-lait, est douce au goût et facile à digérer, donc parfaite pour les gastronomes en herbe. Ce plat contient des œufs, auxquels certains bébés peuvent être sensibles, alors introduisez-les seulement à la fin de l'étape 2, vers 9 mois. Cuisez bien les œufs et surveillez toute réaction éventuelle.

100 g / 3½ oz de feuilles d'épinards
2 tomates émincées
250 g / 9 oz / 1 t de ricotta égouttée

1 œuf
2 c. à s. de parmesan fraîchement râpé
Poivre noir fraîchement moulu (facultatif)

1 Préchauffez le four à 200 °C / 400 °F. Faites cuire les épinards à la vapeur pendant 2-3 minutes. Mixez-les avec les tomates jusqu'à obtention d'une purée épaisse. Étalez-la dans un petit plat peu profond qui va au four.
2 Battez l'œuf avec la ricotta et le parmesan et assaisonnez éventuellement de poivre noir, puis versez la mixture sur les épinards et mélangez le tout. Faites cuire 30 minutes au four jusqu'à ce que le plat soit soufflé et doré. Écrasez à la fourchette avant de servir.

mascarpone à l'abricot

Grâce à cette purée riche et crémeuse, votre bébé fera le plein de protéines utiles pour sa croissance. Sa texture onctueuse lui plaira forcément. Elle constitue un dessert solide pour Bébé, mais vous pouvez aussi la donner aux plus grands comme collation.

225 g / 8 oz / 1 t de mascarpone
2 abricots

10 abricots secs non traités
Le jus de 1 orange

1 Plongez les abricots dans un bol d'eau bouillante pendant 1 minute puis retirez-les à l'aide d'une écumoire. Lorsqu'ils ont suffisamment refroidi pour pouvoir les manipuler, ôtez-en la peau. Coupez la chair en petits morceaux, retirez les noyaux.

2 Mettez les abricots (frais et secs) dans une petite casserole avec le jus d'orange. Portez à ébullition, réduisez le feu et laissez cuire à découvert 2-3 minutes, jusqu'à ce qu'ils soient tendres.

3 Mixez le tout pour obtenir une texture onctueuse et crémeuse.

ENVIRON 4 PORTIONS

PRÉPARATION + CUISSON
10 + 7 minutes

CONSERVATION
Laissez refroidir puis couvrez et réfrigérez jusqu'à 3 jours, ou congelez jusqu'à 1 mois.

BIENFAITS
Le mascarpone est une bonne source de calcium (pour des os et des dents en bonne santé), de zinc (pour la construction cellulaire) et de protéines (pour la croissance générale et le développement). Il fournit aussi du phosphore, un autre nutriment important pour des dents en bonne santé, et de la vitamine A, dont votre bébé a besoin pour sa vision, sa peau et son immunité.

056

mousse aux deux prunes

Ce dessert facile à faire a une texture riche et crémeuse sans pour autant contenir de produit laitier. Les prunes naturellement édulcorées évitent de rajouter du sucre.

ENVIRON 4 PORTIONS

PRÉPARATION + CUISSON
10 + 5 minutes + trempage

CONSERVATION
Laissez refroidir puis couvrez et réfrigérez jusqu'à 3 jours, ou congelez jusqu'à 1 mois.

BIENFAITS
Les prunes sont truffées de phytonutriments protecteurs pour aider votre bébé à éviter rhumes et toux. Elles contiennent également beaucoup de potassium, qui favorise le bon fonctionnement du cœur et aide à alcaliniser les liquides circulants. Les pruneaux fournissent des fibres solubles qui favorisent un bon transit.

4 pruneaux réhydratés et
   dénoyautés
8 prunes pelées, dénoyautées
   et coupées en morceaux

150 g / 5½ oz / ¾ t d'amandes
   trempées 24 h dans l'eau
   puis égouttées

1 Faites tremper les pruneaux dans 100 ml / 3½ oz / ½ t d'eau bouillante pendant 15 minutes, retirez-les grâce à une écumoire et réservez. Mettez de côté l'eau de trempage.

2 Déposez les prunes dans une casserole avec les pruneaux et l'eau de trempage. Portez à ébullition, puis réduisez le feu, couvrez et laissez cuire 2-3 minutes.

3 Mixez le mélange de prunes et d'amandes jusqu'à ce que le tout soit bien homogène. Ajoutez un peu d'eau pour alléger si nécessaire.

tourbillon de banane et de baies

L'association de la banane crémeuse recouverte de baies sucrées et d'une sauce aux graines de chanvre offre des saveurs et des textures contrastées que votre bébé va adorer. Présentez-les sur des crêpes pour les plus grands.

ENVIRON 4 PORTIONS

PRÉPARATION + CUISSON
5 + 7 minutes

CONSERVATION
Laissez refroidir la sauce puis couvrez et réfrigérez jusqu'à 2 jours, ou congelez jusqu'à 1 mois. La banane ne se conserve pas.

BIENFAITS
Les graines de chanvre sont très riches en oméga 3 et 6 nécessaires pour la santé en général et particulièrement celle du cerveau. Ces graines apportent aussi une bonne quantité de protéines, avec tous les acides aminés stimulants pour la croissance et le développement de Bébé.

115 g / 4 oz / 1 t de mélange de baies congelées
2 bananes

2 c. à s. de graines de chanvre décortiquées

1 Mettez les baies dans une casserole avec 1 c. à t. d'eau. Portez à ébullition puis réduisez le feu, couvrez et laissez cuire 5 minutes.

2 Mixez les baies avec les graines de chanvre jusqu'à obtenir une texture lisse. Tamisez si nécessaire.

3 Écrasez les bananes et recouvrez-les de sauce dans des bols.

crème pêche-orange

BIENFAITS

Ce plat est riche en nutriments qui stimulent l'immunité, en particulier les bioflavonoïdes et la vitamine C, et en antioxydants qui aident à stimuler l'activité des globules blancs de votre bébé pour combattre la maladie. Les pêches fournissent des fibres solubles pour favoriser la digestion et du phosphore pour aider à fabriquer des os et des dents solides. En plus de fournir presque toutes les vitamines B, les noix de cajou sont une excellente source de sélénium et de zinc, d'antioxydants, ainsi que de bons acides gras insaturés.

Ce dessert vitaminé contient du beurre de noix de cajou pour lui donner une texture onctueuse et un goût délicieux. Les noix de cajou sont un véritable réservoir de vitamines B (dont la B9) essentielles pour le métabolisme, l'humeur, l'énergie et l'immunité. Si des membres de votre famille sont allergiques aux noix, utilisez du yaourt à la grecque à la place.

ENVIRON 4 PORTIONS

PRÉPARATION + CUISSON
10 + 5 minutes

CONSERVATION
Laissez refroidir puis couvrez et réfrigérez jusqu'à 3 jours, ou congelez jusqu'à 1 mois.

4 pêches pelées et dénoyautées
Le jus de 2 oranges

1 c. à s. de beurre de noix de cajou ou de yaourt à la grecque

1 Coupez la chair des pêches en petits morceaux puis mettez-les dans une casserole avec le jus d'orange. Portez à ébullition puis réduisez le feu, couvrez et laissez cuire 2-3 minutes jusqu'à ce que la pêche soit tendre.
2 Mixez le mélange avec le jus de cuisson et le beurre de noix de cajou pour obtenir une purée onctueuse et crémeuse.

Vous pouvez faire votre propre beurre de noix de cajou en mixant quelques noix de cajou (non salées) avec un peu d'huile d'olive.

pomme sportive au four

Cette compote de pommes nourrissante fait une parfaite collation lorsque votre bébé a besoin d'énergie rapidement. Pour les enfants en âge d'aller à l'école, vous pouvez l'utiliser comme garniture de tartes et de crumbles.

ENVIRON 4 PORTIONS

PRÉPARATION + CUISSON
10 + 30 minutes

CONSERVATION
Laissez refroidir puis couvrez et réfrigérez jusqu'à 2 jours, ou congelez jusqu'à 1 mois.

BIENFAITS
La mélasse, dérivée du sucre, est une bonne source de calcium, de fer, de vitamines B, de magnésium et de manganèse, ce qui fait de ce plat un superbe cocktail nutritionnel pour votre bébé. Les pommes contiennent des fibres solubles qui détoxifient le tube digestif, tandis que le gingembre soulage les petits ventres perturbés par les gaz et les coliques.

4 petites pommes pelées, évidées et coupées en tranches
4 c. à t. de raisins secs
2 dattes en morceaux
1 c. à s. de mélasse

4 c. à s. de jus de pomme
1 c. à t. de gingembre pelé et râpé
Yaourt nature au lait entier (facultatif)

1 Préchauffez le four à 180 °C / 350 °F. Étalez les pommes en une couche dans un plat qui va au four.

2 Mélangez les raisins, les dattes, la mélasse, le jus de pomme et le gingembre, et versez sur les pommes. Couvrez le plat de papier d'aluminium et faites cuire 20 minutes au four jusqu'à ce que les pommes soient tendres et faciles à écraser.

3 Mixez le mélange obtenu avec son jus de cuisson pour obtenir une compote.

4 À manger tel quel ou à mélanger dans un yaourt nature.

pomme-avocat à la grecque

Ce dessert onctueux et gourmand est si facile à réaliser qu'il est parfait lorsque vous manquez de temps. Il fournit une bonne dose de protéines et constitue une excellente pâte à tartiner à donner aux tout-petits.

3 pommes pelées, évidées et coupées en morceaux
1 avocat coupé en deux, pelé et dénoyauté

125 g / 4½ oz / ½ t de yaourt à la grecque

1 Faites cuire les pommes à la vapeur pendant 10 minutes jusqu'à ce qu'elles soient tendres.
2 Mixez les pommes avec l'avocat et le yaourt jusqu'à obtenir une texture lisse.

ENVIRON 4 PORTIONS

PRÉPARATION + CUISSON
10 + 12 minutes

CONSERVATION
Couvrez et réfrigérez 24 heures maximum (l'avocat peut noircir mais reste consommable). Ne pas congeler.

BIENFAITS
Le yaourt fournit de multiples bactéries bonnes pour la santé, comme le *lactobacillus* et les bifidobactéries, pour une bonne digestion et un bon transit. Le yaourt est aussi riche en protéines pour votre bébé en pleine croissance et il offre à la fois du calcium pour la santé de ses os et du zinc pour son immunité. L'avocat est quant à lui une bonne source de lutéine antioxydante, qui préserve la vision, et de vitamine E pour garder la peau de votre bébé souple et douce.

ÉTAPE 3

9-12 MOIS

À partir de 9 mois, Bébé est doté d'une meilleure coordination mains-yeux, il est susceptible d'attraper la cuillère ou de prendre des aliments avec les doigts et cela amènera nécessairement de nouvelles aventures gustatives. Faites-lui commencer sa journée avec du Tofu au curcuma sur des mouillettes. Puis, pour les repas principaux, proposez par exemple la Potée d'agneau aux fruits ou le Risotto pois et menthe. Essayez aussi mes pâtes à tartiner et sauces délicieuses comme collations saines que votre bébé pourra goûter avec les doigts. Proposez-lui enfin une sélection de desserts sans sucre, notamment les Petits pots poire-chocolat et amandes et la Crème mangue-cerise.

Pâtes à la tomate, aux herbes et
au fromage de chèvre (p. 124)

À l'étape 3, vous pouvez commencer à titiller les papilles gustatives de votre bébé. Introduisez des herbes, des épices et des aliments au goût plus prononcé pour qu'il explore des saveurs plus excitantes. Évitez de lui proposer continuellement le même menu. Le déjeuner est le moment parfait pour sortir des sentiers battus car Bébé vient de se réveiller et est donc susceptible d'accepter tout ce que vous lui proposez.

Le tableau de la page 96 indique les aliments conseillés et ceux déconseillés à cet âge, mais le plus grand changement réside à présent dans l'introduction des aliments allergènes comme le blé, le gluten et les crustacés. Néanmoins, continuez à n'utiliser le lait de vache que pour la cuisine et n'en donnez pas à votre bébé comme boisson avant son premier anniversaire. Introduisez les nouveaux aliments un par un, en surveillant toute réaction, et attendez quelques jours avant de donner un autre nouvel aliment.

Jusqu'à l'âge de 1 an, l'objectif est pour lui de manger une plus grande variété de plats afin que les repas deviennent des moments à partager en famille. Vous pouvez aussi adapter de nombreuses purées de ce chapitre aux membres plus âgés de la famille. Dans la plupart des cas, il vous suffit de mettre de côté une portion à écraser en purée et de garder le reste du plat « entier » pour les autres. Toutes les portions des recettes correspondent à des doses pour bébé, donc doublez ou triplez les quantités des recettes si besoin.

LA TEXTURE DES ALIMENTS

Vers 9 mois, Bébé aura peut-être ses premières dents mais, même si ce n'est pas encore le cas, ses gencives sont solides et donc aptes à mâcher des morceaux plus gros et plus durs. Il sera également capable de prendre ses premiers aliments avec les doigts : tranches de pain, tartines, bâtonnets de légumes légèrement cuits et tranches de fruits sont parfaits. Au début, donnez-lui des aliments tendres à manger avec les doigts, mais essayez ensuite des aliments plus durs, comme des bâtonnets de légumes crus. Ne le laissez jamais sans surveillance lorsqu'il mange pour éviter tout risque d'étouffement. Vous n'avez plus besoin de cuire les fruits, mais assurez-vous qu'ils sont parfaitement mûrs.

HEURES DES REPAS ET QUANTITÉS

Au début de l'étape 3, Bébé devrait apprécier trois bons repas par jour plus quelques collations saines, comme des bâtonnets de légumes ou des fruits. Référez-vous au planning de la page 97 pour y voir plus clair. Le dîner est à environ 12 heures, et le souper vers 17 heures.

Chaque jour doit comporter trois ou quatre portions (d'environ 40 g / 1½ oz) de féculents (pain, pommes de terre, pâtes, riz ou flocons d'avoine). Ajoutez au moins une portion (de 30-40 g / 1-1½ oz) de pro-téines animales (viande, volaille ou poisson) ou deux portions de protéines végétales (haricots, légumineuses, tofu). Enfin, donnez-lui chaque jour une ou deux portions de produits laitiers (ou assimilés si votre bébé est allergique au lait), en vous assurant qu'ils sont au lait entier.

BESOINS EN LAIT

Vers 12 mois, la plupart des calories absorbées par votre bébé doivent provenir des aliments solides qu'il mange. Si son appétit pour ceux-ci diminue durant l'étape 3, assurez-vous qu'il ne boit pas trop de lait. Environ 500-600 ml / 17-21 oz / 2-2½ t par jour suffisent, si possible au déjeuner, au goûter et/ou au coucher. Il doit être capable d'attendre le repas du midi sans avoir besoin d'un biberon au milieu de la matinée. Faites-lui boire de l'eau de temps à autre (maintenant, vous pouvez lui donner de l'eau du robinet filtrée sans la faire bouillir).

	ÉTAPE 3 : Aliments conseillés / Aliments déconseillés
Légumes	**Conseillés :** tous les légumes.
Fruits	**Conseillés :** tous les fruits. Pelés et écrasés ou en morceaux et en purée.
Viandes et volailles	**Conseillés :** fines tranches bien cuites, de préférence bio sans peau ni os ni cartilage, jambon de temps en temps, jambon fumé plus rarement. **Déconseillés :** viandes traitées (bacon, saucisse, salami, pâté de viande).
Poisson	**Conseillés :** poisson bio frais ou en conserve dans de l'huile d'olive ou de l'eau (pas en saumure), sans peau ni arête, poisson fumé (maquereau, saumon), anchois (non salé), crustacés et fruits de mer (crevette, coquille St-Jacques, calamar, etc.). **Déconseillés :** poisson en saumure et sauces sucrées.
Produits laitiers et œufs	**Conseillés :** lait entier (mais uniquement dans vos préparations culinaires), beurre doux, fromage frais, yaourt nature, certains fromages à pâte molle (ricotta, mozzarella, gruyère), œuf dur. **Déconseillés :** fromages bleus ou non pasteurisés, lait cru, boissons lactées sucrées, œuf pas assez cuit.
Légumi- neuses	**Conseillés :** lentilles et haricots cuits en conserve dans l'eau ou séchés et bouillis.
Noix et graines	**Conseillés :** graines et noix moulues et lait de noix s'il n'y a pas d'antécédent allergique dans la famille, sinon évitez-les jusqu'à l'âge de 3 ans. **Déconseillés :** noix entières ou en morceaux (risque d'étouffement), surtout si vous avez une allergie aux noix dans la famille.
Céréales	**Conseillés :** amarante, sarrasin, maïs, céréales au gluten (blé, seigle, orge, épeautre), millet, flocons d'avoine, quinoa, riz.
Autres	**Déconseillés :** tous les sucres, miel, aliments industriels, sel (y compris les bouillons et sauces salées).
Liquides	**Conseillés :** uniquement du lait maternel ou en poudre comme boisson et de l'eau entre les repas.

ÉTAPE 3 : PLANNING SUR 7 JOURS

Utilisez ce tableau pour vous aider à établir des repas équilibrés pour l'étape 3.

Jour	Déjeuner	Dîner	Goûter	Souper	Coucher
1	Biberon/tétée; *Millet, noix de coco et figues**	*Sauté de truite aux amandes*; *Flan à la fraise*	Biberon/ tétée	*Ragoût de bœuf à l'italienne*; *Dessert banane-goji*	Biberon/ tétée
2	Biberon/tétée; *Ricotta poire*	*Risotto pois et menthe*; *Compote de pommes et haricots beurre* avec du pain	Biberon/ tétée	*Porc aux haricots blancs*; *Crumble aux abricots et à la noix de coco*	Biberon/ tétée
3	Biberon/tétée; *Déjeuner super-tonus*	*Poulet crémeux à l'orzo*; *Prunes pochées au gingembre*	Biberon/ tétée	*Soupe de saumon*; *Crème mangue-cerise*	Biberon/ tétée
4	Biberon/tétée; *Cocktail de baies d'été*	*Mouillettes à l'édamame* avec des bâtons de légumes; *Pain aux pêches*	Biberon/ tétée	*Poisson à l'orange*; *Riz au lait rubis*	Biberon/ tétée
5	Biberon/tétée; *Déjeuner super-tonus*	*Rôti de porc aux pommes*; *Riz au lait rubis*	Biberon/ tétée	*Gâteaux à l'œuf et au chou*; *Prunes pochées au gingembre*	Biberon/ tétée
6	Biberon/tétée; *Flocons d'avoine au beurre de sésame et crème de banane*	*Compote de pommes et haricots beurre* avec des bâtons de légumes; *Crumble aux abricots et à la noix de coco*	Biberon/ tétée	*Tourte patates douces-bolognaise*; *Petits pots poire-chocolat et amandes*	Biberon/ tétée
7	Biberon/tétée; *Tofu au curcuma*	*Mélange sicilien aux légumes*; *Petits pots poire-chocolat et amandes*	Biberon/ tétée	*Potée d'agneau aux fruits*; *Flans à la fraise*	Biberon/ tétée

* L'italique renvoie aux recettes de ce livre (de la p. 98 à la p. 141).

061

PRÉPARATION
10 minutes + trempage

CONSERVATION
Meilleur consommé immédiatement, mais peut être réfrigéré
24 heures maximum. Ne pas
congeler.

BIENFAITS
L'huile de lin est une excellente
source végétale d'oméga 3,
importants pour le développement du cerveau de votre bébé.

déjeuner super-tonus

Ce déjeuner léger et fruité est un excellent
plat pour démarrer la journée. Le tofu soyeux
le rend si merveilleusement crémeux qu'il
ressemble à un dessert. Soyez sûr que votre
bébé appréciera.

60 g / 2¼ oz / ⅓ t de graines de
    sésame
4 abricots secs non traités
1 mangue pelée, dénoyautée et
    coupée en morceaux

1 banane
1 c. à s. d'huile de lin
115 g / 4 oz de tofu soyeux

1 Faites tremper les graines de sésame et les abricots
dans l'eau toute la nuit, puis séchez-les. Mettez-les dans
un robot avec les autres ingrédients et mixez jusqu'à
obtenir une texture lisse et crémeuse.

flocons d'avoine au beurre de sésame et crème de banane

Ce déjeuner à base de flocons d'avoine contient certes du gluten, mais reste plus digeste que le blé. La purée de banane crémeuse adoucit le tout.

100 g / 3½ oz / 1 t de flocons d'avoine
300 ml / 10½ oz / 1¼ t de lait entier

1 c. à s. de beurre de sésame
2 c. à s. de yaourt nature
1 banane

1 Mettez les flocons d'avoine, le lait et le beurre de sésame dans une petite casserole. Portez à ébullition puis réduisez le feu et laissez épaissir à découvert 4-5 minutes tout en remuant.

2 Mixez le yaourt et la banane pour obtenir une texture onctueuse.

3 Servez les flocons d'avoine recouverts d'une cuillère de purée de banane.

ENVIRON 4 PORTIONS

PRÉPARATION + CUISSON
5 + 7 minutes

CONSERVATION
Laissez refroidir puis couvrez et réfrigérez 48 heures maximum. Ne pas congeler.

BIENFAITS
Le beurre de sésame est riche en zinc et en vitamine E antioxydants, ce qui en fait un excellent soutien pour le système immunitaire. Il contient également des vitamines B pour la production d'énergie et un système nerveux en bonne santé. Les graines de sésame sont une excellente source de protéines végétales et d'oméga 6.

063

ricotta poire

PRÉPARATION + CUISSON
13 + 5 minutes

CONSERVATION
Laissez refroidir puis couvrez et
réfrigérez 48 heures maximum.
Ne pas congeler.

BIENFAITS
Les fruits secs, comme les
poires séchées, sont une bonne
source de fibres solubles (qui
nourrissent les bactéries amies
de l'intestin) et de vitamine C,
bonne pour le système immunitaire et la santé de la peau,
des gencives et des vaisseaux
sanguins.

Les bébés ont besoin d'un déjeuner qui les
cale pour le reste de la matinée et ce petit
plaisir crémeux contient une bonne dose
de glucides complexes et de protéines.
L'association des poires fraîches et sèches
sucre naturellement le tout.

5 poires séchées
4 c. à s. de flocons d'avoine
250 g / 9 oz / 1 t de ricotta

1 poire pelée, évidée et
coupée en morceaux

1 Plongez les poires séchées dans un bol d'eau bouillante
et laissez tremper 10 minutes puis égouttez.
2 Mettez les flocons d'avoine dans une poêle antiadhésive
sur feu moyen et faites-les dorer 2-3 minutes.
3 Mixez tous les ingrédients jusqu'à obtenir une texture
onctueuse.

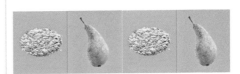

millet, noix de coco et figues

Les flocons de millet sont rapides à préparer et constituent un déjeuner nourrissant sans gluten, tandis que le lait de coco remplace avantageusement les produits laitiers.

125 g/4½ oz de flocons de millet
500 ml/17 oz/2 t de lait de coco
3 figues sèches coupées en morceaux

1 c. à s. de graines de lin
2 c. à s. de noix de coco râpée
1 c. à t. de cannelle

1 Mettez le millet, le lait de coco et les figues dans une casserole et portez à ébullition. Réduisez le feu et faites cuire 3-4 minutes en remuant jusqu'à ce que la préparation épaississe.
2 Retirez du feu, ajoutez les autres ingrédients et mixez pour obtenir un mélange crémeux.

ENVIRON 4 PORTIONS

PRÉPARATION + CUISSON
5 + 5 minutes

CONSERVATION
Laissez refroidir puis couvrez et réfrigérez 48 heures maximum. Ne pas congeler.

BIENFAITS
Truffées de fibres solubles, les figues sont d'une grande aide digestive. Elles contiennent également de la ficine, une enzyme qui soulage l'intestin, et sont une bonne source de potassium (pour le cœur), de calcium (pour les os et le système nerveux), de fer (pour une bonne composition sanguine), et de tryptophane, un acide aminé calmant et relaxant qui favorise le sommeil. Le lait de coco renferme de l'acide laurique, favorable au système immunitaire.

cocktail de baies d'été

Légère et estivale, cette compote de fruits fait appel à un assortiment de baies congelées pour un déjeuner de dépannage facile. Vous pouvez aussi le proposer en dessert après le dîner ou au goûter.

ENVIRON 4 PORTIONS

PRÉPARATION + CUISSON
5 + 6 minutes + trempage

CONSERVATION
Laissez refroidir puis couvrez et réfrigérez 48 heures maximum. Ne pas congeler.

BIENFAITS
Les graines de courge sont une bonne source de zinc pour l'immunité et les os. Elles sont aussi truffées de protéines et de fer, qui en font un aliment très énergétique. Les oméga 3 des graines de courge protègent les membranes cellulaires et les fonctions cognitives de votre bébé.

2 c. à s. de graines de courge
2 c. à s. de graines de chanvre décortiquées
2 c. à s. de graines de tournesol

150 g / 5½ oz / 1 t de mélange de baies congelées
1 pomme pelée, évidée et coupée en tranches

1 Faites tremper les graines de courge, de chanvre et de tournesol toute la nuit dans l'eau puis égouttez-les.
2 Mettez les baies congelées et la pomme en tranches dans une petite casserole. Ajoutez 1 c. à s. d'eau, portez à ébullition puis réduisez le feu et laissez cuire à découvert 3-4 minutes jusqu'à ce que la pomme soit tendre. Mixez les fruits avec les graines jusqu'à obtention d'une texture épaisse et crémeuse.

tofu au curcuma

Ce déjeuner riche en protéines est une bonne manière d'introduire une nouvelle texture dans l'alimentation de votre bébé. Le tofu est assez fade seul, mais ici il est légèrement aromatisé au poivron rouge grillé et aux épices, avec une pointe de tamari.

ENVIRON 4 PORTIONS

PRÉPARATION + CUISSON
7 + 7 minutes

CONSERVATION
Laissez refroidir puis couvrez et réfrigérez 48 heures maximum. Ne pas congeler.

BIENFAITS
Le curcuma, une racine parente du gingembre, contient de la curcumine, qui possède de puissantes propriétés anti-inflammatoires et antioxydantes. Il peut être utile pour soulager les problèmes intestinaux et protéger la peau, les yeux, le foie et l'immunité.

1 c. à s. d'huile d'olive
250 g / 9 oz de tofu ferme coupé en morceaux
4 c. à s. de crème liquide ou de crème de soja
1 poivron rouge grillé coupé en morceaux
1 c. à t. de sauce soja tamari peu salée
¼ c. à t. de curcuma
Poivre noir fraîchement moulu

1 Faites chauffer l'huile dans une poêle et ajoutez le tofu en remuant bien pendant 1-2 minutes pour le réduire en petits morceaux.

2 Incorporez les autres ingrédients et faites cuire 3-4 minutes jusqu'à ce qu'ils prennent une belle couleur et qu'ils soient bien chauds.

067

ENVIRON 4 PORTIONS

PRÉPARATION
10 minutes

CONSERVATION
Couvrez et réfrigérez 3 jours
maximum ou congelez
1 mois.

BIENFAITS
Ajouter de l'huile de lin est une
bonne manière d'augmenter
l'apport en oméga 3, dont
votre bébé a besoin pour le
bon fonctionnement de son
cerveau et de son système
nerveux. Ils permettent une
bonne communication entre
les cellules. Le tahini fournit
également des acides gras
essentiels, ainsi que du calcium
et du magnésium, importants
pour un bon fonctionnement
nerveux et musculaire, et pour
la formation et la croissance
des os.

compote de pommes et haricots beurre

Dès que votre bébé peut prendre les aliments
avec ses doigts, cette compote constitue une
excellente pâte à tartiner sur des toasts ou
des galettes de riz soufflé, ou une sauce pour
bâtons de légumes tendres, car les haricots
beurre lui donnent une saveur douce et
crémeuse.

400 g / 14 oz de haricots beurre
    en conserve dans l'eau,
    rincés et égouttés
3 c. à s. de compote de pomme
3 c. à s. de jus de citron

2 c. à s. de tahini (crème
    de sésame)
2 c. à t. de menthe ciselée
1 c. à s. d'huile de lin
Poivre noir fraîchement moulu

1 Mixez tous les ingrédients de manière à obtenir une
texture onctueuse. Ajoutez un peu d'huile de lin pour
alléger si nécessaire. Assaisonnez de poivre noir.

mouillettes à l'édamame

Les édamames sont des fèves de soja vert dans leur cosse. Dans cette recette, ils sont légèrement épicés au cumin, à la coriandre et à l'ail (à ajuster selon les goûts de votre bébé). Proposez-la avec des mouillettes de pain pita. Vous pouvez aussi utiliser de l'huile d'olive plutôt que de l'huile de lin.

250 g / 9 oz / 1½ t d'édamames
    écossés congelés
2 gousses d'ail émincées
2 c. à s. d'huile de lin ou
    d'huile d'olive

2 c. à s. de jus de citron
¼ c. à t. de cumin moulu
1 c. à t. de coriandre ciselée
4 c. à s. de crème fraîche
Poivre noir fraîchement moulu

1 Mettez les édamames dans une casserole d'eau bouillante et faites-les blanchir 5 minutes jusqu'à ce qu'ils soient tendres, puis égouttez-les.

2 Mixez tous les ingrédients. Ajoutez un peu d'eau pour une texture encore plus onctueuse si nécessaire. Assaisonnez de poivre noir.

ENVIRON 4 PORTIONS

PRÉPARATION + CUISSON
10 + 7 minutes

CONSERVATION
Laissez refroidir puis couvrez et réfrigérez 3 jours maximum ou congelez jusqu'à 1 mois.

BIENFAITS
Les fèves de soja, les édamames, sont une excellente source de protéines végétales contenant tous les acides aminés nécessaires à la croissance et au développement de votre bébé, et de fibres solubles. Ils sont également de bons pourvoyeurs de vitamine K, importante pour la santé des os, et de folate, dont votre bébé a besoin pour fabriquer ses cellules.

poivron rouge grillé aux amandes

Cette pâte à tartiner est une garniture nutritionnellement très intéressante pour de tout petits sandwichs ou bien une sauce pour accompagner des bâtonnets de légumes légèrement cuits.

ENVIRON 6 PORTIONS

PRÉPARATION
10 minutes

CONSERVATION
Couvrez et réfrigérez 3 jours maximum ou congelez jusqu'à 1 mois.

BIENFAITS
Les amandes sont riches en nutriments, en acides gras mono-insaturés, en protéines et en minéraux calmants comme le calcium et le magnésium. Elles constituent également une bonne source de vitamine E et de zinc antioxydants, qui soutiennent l'immunité et la santé de la peau de votre bébé. Les amandes peuvent également améliorer la production d'anticorps pour aider votre bébé à lutter contre toux et rhumes.

100 g / 3½ oz / ⅔ t d'amandes
225 g / 8 oz de poivrons rouges grillés en conserve
1 c. à s. de purée de tomate
1 gousse d'ail émincée

1 c. à t. de paprika fumé
1 c. à t. de sirop d'agave
4 c. à s. d'huile de lin
Poivre noir fraîchement moulu

1 Mixez les amandes et les poivrons jusqu'à l'obtention d'une pâte grossière.
2 Ajoutez les autres ingrédients et mixez pour obtenir une purée onctueuse et crémeuse. Ajoutez un peu d'huile pour alléger si nécessaire. Assaisonnez de poivre noir.

houmous aux carottes

Cette alternative au houmous traditionnel est une excellente manière d'augmenter l'apport en légumes et en bons acides gras. Servez-le avec des bâtonnets de légumes légèrement cuits, des toasts ou du pain pita.

ENVIRON 4 PORTIONS

PRÉPARATION + CUISSON
10 + 9 minutes

CONSERVATION
Laissez refroidir puis couvrez et réfrigérez 3 jours maximum ou congelez jusqu'à 1 mois.

BIENFAITS
Le jus de citron ajouté dans ce houmous fournit à la fois de la vitamine C pour soutenir le système immunitaire, et de la pectine, une fibre soluble, utile pour améliorer le transit. Le jus de citron contient également de la quercétine, un nutriment anti-inflammatoire qui renforce les parois cellulaires et réduit les réactions allergiques en diminuant les taux d'histamine.

200 g / 7 oz de carottes pelées et coupées en morceaux
400 g / 14 oz de pois chiches en conserve, rincés et égouttés
2 c. à s. de tahini
2 c. à s. de jus de citron

1 c. à s. d'huile de lin
2 gousses d'ail émincées
1 pincée de cumin moulu
1 c. à s. de feuilles de persil ciselées
Poivre noir fraîchement moulu

1 Mettez les carottes dans une casserole et recouvrez d'eau bouillante. Portez à ébullition puis réduisez le feu, couvrez et laissez cuire 6-7 minutes. Égouttez.

2 Mixez tous les ingrédients sauf le persil et le poivre jusqu'à obtenir une texture onctueuse. Ajoutez un peu d'eau pour alléger si nécessaire.

3 Parsemez de persil et assaisonnez de poivre noir.

071

ØØØØØØØ

poulet au pesto et légumes grillés

Dans ce plat nourrissant et riche en oméga 3, le poulet et les légumes sont recouverts de sauce au pesto qui relève le tout et garde le poulet tendre.

ENVIRON 4 PORTIONS

PRÉPARATION + CUISSON
15 + 30 minutes

CONSERVATION
Laissez refroidir puis couvrez et réfrigérez 2 jours maximum ou congelez jusqu'à 1 mois.

BIENFAITS
Les noix sont truffées d'oméga 3, 6 et d'acides gras mono-insaturés, bénéfiques pour le cœur, le cerveau et le système nerveux. Elles contiennent également des antioxydants comme l'acide ellagique, utiles pour calmer les inflammations comme l'asthme et l'eczéma. Les noix fournissent aussi du cuivre, du fer et du zinc, ainsi qu'une bonne dose de vitamines B, toutes importantes pour la production d'énergie.

2 courgettes coupées en petits morceaux
½ poivron rouge épépiné et coupé en morceaux
½ poivron jaune épépiné et coupé en morceaux
1 grande poignée de feuilles de basilic

3 c. à s. d'huile d'olive
25 g / 1 oz / ¼ t de noix coupées en deux
4 c. à s. de parmesan fraîchement râpé
3 c. à s. de mascarpone
1 gousse d'ail émincée
2 aiguillettes de poulet

1 Préchauffez le four à 200 °C / 400 °F. Mettez les légumes dans une cocotte avec 1 c. à s. d'huile d'olive. Mettez les blancs de poulet sur les légumes.

2 Mixez le basilic, les noix, les fromages, l'ail et les 2 c. à s. d'huile d'olive restantes jusqu'à obtention d'une texture onctueuse. Versez la moitié du pesto sur le poulet.

3 Faites cuire 20-25 minutes jusqu'à ce que la viande soit bien cuite. Retirez du four et ajoutez le restant de pesto. Mixez en une purée consistante.

poulet crémeux à l'orzo

L'orzo est une petite pâte de blé en forme de grain de riz, facile à mâcher et à digérer. Délicieuse alternative au riz, elle évite d'avoir à couper de plus grandes pâtes. Utilisez de petits macaroni si vous ne trouvez pas d'orzo.

200 g / 7 oz de blancs de poulet sans peau ni os, coupés en deux
150 g / 5½ oz / ¾ t d'orzo ou de petits macaroni
2 c. à s. de beurre doux

100 g / 3½ oz de pousses d'épinards coupées
2 c. à s. de jus de citron
4 c. à s. de crème liquide ou de lait entier
50 g / 1¾ oz de gruyère râpé

1 Mettez les moitiés de poulet dans une casserole d'eau bouillante et faites-les pocher 10 minutes. Égouttez-les et coupez-les en petits morceaux.

2 Faites cuire l'orzo selon les instructions du paquet et égouttez bien.

3 Faites fondre le beurre dans une casserole sur feu moyen et ajoutez les feuilles d'épinards. Remuez bien. Ajoutez le poulet, l'orzo, le jus de citron, la crème et le gruyère et remuez jusqu'à ce que le fromage ait fondu. Mixez pour obtenir une purée épaisse.

ENVIRON 4 PORTIONS

PRÉPARATION + CUISSON
10 + 20 minutes

CONSERVATION
Laissez refroidir puis couvrez et réfrigérez 2 jours maximum ou congelez jusqu'à 1 mois.

BIENFAITS
Le jus de citron apporte de la vitamine C à ce plat, ce qui va augmenter l'assimilation du fer contenu dans les épinards. Le fer est essentiel pour des globules rouges sains, leur permettant de transporter efficacement l'oxygène à travers le corps. Les épinards, la crème et le fromage fournissent tous du calcium pour les os.

ENVIRON 4 PORTIONS

PRÉPARATION + CUISSON
15 minutes + 1 h 55

CONSERVATION
Laissez refroidir puis couvrez et réfrigérez 2 jours maximum ou congelez jusqu'à 1 mois.

BIENFAITS
Le gingembre est une épice bien connue pour soulager les problèmes digestifs comme les coliques, les gaz, les diarrhées et les nausées. Les molécules naturelles appelées gingerol confèrent au gingembre de fortes propriétés anti-inflammatoires, ce qui en fait un super-aliment pour les enfants qui font de l'asthme et de l'eczéma.

ragoût de bœuf au gingembre

Ce ragoût fond dans la bouche et est parfait pour nourrir toute la famille.

2 c. à s. d'huile d'olive
450 g / 1 lb de bœuf à braiser, coupé en morceaux
3 oranges pelées, coupées en quartiers
1 gousse d'ail émincée
1 c. à t. de gingembre pelé et râpé

1 oignon rouge émincé
2 carottes émincées
3 c. à s. de farine
300 ml / 10½ oz / 1¼ t de bouillon de légumes ou de bœuf (sans sel ajouté)
2 anis étoilés (badianes)
Poivre noir fraîchement moulu

1 Préchauffez le four à 150 °C / 300 °F. Chauffez 1 c. à s. d'huile dans une grande casserole sur feu vif. Faites cuire les steaks 3-4 minutes puis mettez-les sur une assiette.

2 Mixez les oranges et retirez la pulpe.

3 Faites chauffer le reste de l'huile dans la casserole sur feu vif et ajoutez l'ail, le gingembre, l'oignon et les carottes. Faites cuire 3-4 minutes. Saupoudrez de farine et mélangez bien. Incorporez progressivement le jus d'orange et le bouillon. Ajoutez l'anis étoilé. Assaisonnez de poivre noir.

4 Couvrez et faites cuire 1 heure puis retirez le couvercle et faites cuire 45 minutes jusqu'à ce que le bœuf soit tendre. Écrasez avec une fourchette pour servir.

tourte patates douces-bolognaise

Une alternative saine à un vieux classique anglo-saxon.

500 g / 1 lb 2 oz de patates douces pelées et coupées en morceaux
2 c. à s. d'huile d'olive
1 échalote émincée
2 carottes coupées en rondelles
1 branche de céleri émincé
1 gousse d'ail émincée

400 g / 14 oz de tomates en morceaux
250 g / 9 oz de poivrons rouges grillés en conserve
450 g / 1 lb de bœuf haché
150 g / 5½ oz de pousses d'épinards
30 g / 1 oz de gruyère râpé

ENVIRON 4 PORTIONS

PRÉPARATION + CUISSON
15 minutes + 1 h 30

CONSERVATION
Laissez refroidir puis couvrez et réfrigérez 2 jours maximum ou congelez jusqu'à 1 mois.

BIENFAITS
Les tomates sont une véritable source de nutriments essentiels. Elles contiennent du lycopène, un antioxydant puissant qui aide à soutenir l'immunité de votre enfant et le protège contre les maladies graves. Elles contiennent aussi du bêta-carotène et des vitamines C et E, qui protègent, entre autres, la vision.

1 Préchauffez le four à 180 °C / 350 °F. Dans une casserole, faites bouillir les patates pendant 15 minutes et égouttez.

2 Chauffez 1 c. à s. d'huile dans une casserole sur feu vif. Faites revenir l'échalote, les carottes, le céleri et l'ail 3 minutes. Mixez avec les tomates et les poivrons.

3 Faites cuire la viande 3-4 minutes puis ajoutez la sauce et les épinards. Portez à ébullition, réduisez le feu, couvrez et faites cuire 25 minutes.

4 Déposez les patates écrasées avec la moitié du fromage et le restant d'huile sur la viande dans un plat et parsemez du restant de fromage. Faites dorer 30-40 minutes au four puis écrasez avec une fourchette pour servir.

ENVIRON 6 PORTIONS

PRÉPARATION + CUISSON
15 + 25 minutes

CONSERVATION
Laissez refroidir puis couvrez et réfrigérez 2 jours maximum ou congelez jusqu'à 1 mois.

BIENFAITS
Ce plat est truffé de vitamine C et de bêta-carotène antioxydants ainsi que de fer. Ces nutriments aident entre autres à soutenir l'immunité de votre bébé. Les olives et l'huile d'olive sont riches en acides gras mono-insaturés et ont des propriétés anti-inflammatoires qui aident à soulager des affections comme l'asthme et l'eczéma.

ragoût de bœuf à l'italienne

Voici de nouvelles saveurs pour Bébé : les champignons de Paris sont forts en goût, tandis que les olives sont acidulées. Servez ce plat avec un peu de purée de pommes de terre pour les bébés qui ont davantage d'appétit et les membres plus âgés de la famille.

1 c. à s. d'huile d'olive
1 oignon rouge émincé
1 gousse d'ail émincée
350 g / 12 oz de steak de bœuf coupé en petits morceaux
½ poivron jaune épépiné et émincé
½ poivron orange épépiné et émincé

400 g / 14 oz de tomates en morceaux
150 g / 5½ oz de champignons de Paris tranchés
1 poignée d'olives noires dénoyautées, rincées et coupées en deux
1 c. à s. de persil ciselé

1 Chauffez l'huile dans une grande casserole sur feu vif. Faites revenir l'oignon et l'ail pendant 2-3 minutes.

2 Ajoutez les morceaux de bœuf puis les poivrons, les tomates, les champignons et portez à ébullition. Réduisez le feu, couvrez et laissez cuire 15 minutes. Ajoutez un peu d'eau bouillante si la préparation est trop épaisse.

3 Incorporez les olives et le persil. Mixez jusqu'à obtenir une consistance épaisse.

potée d'agneau aux fruits

Voici un plat familial très protéiné.

1 c. à s. d'huile d'olive
300 g / 10½ oz d'agneau coupé
  en morceaux
1 oignon rouge émincé
1 carotte pelée et coupée
  en rondelles
1 gousse d'ail émincée
1 c. à s. de ras el hanout
  (mélange d'épices)
400 g / 14 oz de tomates en
  morceaux

12 abricots non traités coupés
  en quartiers
500 ml / 17 oz / 2 t de bouillon
  de volaille (sans sel ajouté)
100 g / 3½ oz / ⅔ t de petits pois
  congelés
400 g / 14 oz de haricots beurre
  en conserve, rincés et
  égouttés
Un filet de jus de citron

1 Préchauffez le four à 180 °C / 350 °F. Chauffez l'huile dans une casserole sur feu moyen et faites dorer l'agneau 3-4 minutes. Réservez.

2 Placez l'oignon, la carotte et l'ail dans une casserole qui va au four et faites cuire 2-3 minutes. Ajoutez les épices, les tomates, les abricots, 400 ml / 14 oz / 1¾ t de bouillon et l'agneau. Couvrez et faites cuire 1 heure au four. Écrasez.

3 Dans une autre casserole, portez à ébullition le reste du bouillon. Ajoutez les pois et faites bouillir 2 minutes. Incorporez les haricots beurre et laissez-les cuire. Retirez du feu, ajoutez le jus de citron puis écrasez et servez avec l'agneau.

ENVIRON 4 PORTIONS

PRÉPARATION + CUISSON
15 minutes + 1 h 15

CONSERVATION
Laissez refroidir puis couvrez et réfrigérez 2 jours maximum ou congelez jusqu'à 1 mois.

BIENFAITS
Les haricots beurre sont pauvres en graisses et riches en protéines avec des sucres lents qui aident à libérer l'énergie du bébé tout au long de la journée. Ils sont aussi une bonne source de fibres solubles, les rendant particulièrement bons pour le système digestif du bébé. Riches en potassium et en phosphore, ils sont aussi excellents pour les nerfs, les os et les dents.

*agneau épicé

Le gingembre, la coriandre, le cumin et le paprika fournissent à ce plat un quota fantastique d'antioxydants, utiles pour l'immunité de votre bébé.

BIENFAITS

Le gingembre est tradition-nellement utilisé pour aider la circulation sanguine et le confort digestif, tandis que le cumin et la coriandre soulagent les gaz et améliorent la digestion. Les pois chiches permettent à votre bébé de mieux assimiler les autres nutriments, et fournissent une bonne quantité de vitamines B et E, et de fibres.

2 jarrets d'agneau
Farine assaisonnée de
  poivre noir
2 c. à s. d'huile d'olive
1 oignon rouge émincé
1 c. à t. de gingembre pelé
  et râpé
1 gousse d'ail émincée
1 c. à t. de cumin moulu
1 c. à t. de coriandre moulue
½ c. à t. de paprika fumé
2 carottes pelées et coupées en
  rondelles

2 tomates en morceaux
1 branche de céleri en
  morceaux
250 ml / 9 oz / 1 t de bouillon de
  volaille (sans sel ajouté)
1 c. à s. de purée de tomate
½ poivron rouge épépiné et
  coupé en morceaux
400 g / 14 oz de pois chiches en
  conserve dans l'eau, rincés
  et égouttés
150 g / 5½ oz / ¾ t de couscous
1 c. à s. de persil ciselé

ENVIRON 4 PORTIONS

PRÉPARATION + CUISSON
20 minutes + 3 heures

CONSERVATION
Laissez refroidir puis couvrez et
réfrigérez 2 jours maximum ou
congelez jusqu'à 1 mois.

1 Préchauffez le four à 160 °C / 315 °F. Saupoudrez les jarrets de farine. Chauffez 1 c. à s d'huile dans une cocotte et faites-les dorer 4-5 minutes. Transvasez-les dans une assiette et réservez.

2 Ajoutez l'oignon, le gingembre, l'ail et les épices, faites cuire doucement pendant 3-4 minutes. Ajoutez les autres ingrédients, y compris l'agneau, à l'exception du couscous et du persil. Portez à ébullition, réduisez le feu, couvrez et faites cuire 5 minutes. Enfournez 2 h-2 h 30 jusqu'à ce que l'agneau se détache de l'os.

3 Mettez le couscous dans un bol. Ajoutez le reste d'huile et 250 ml / 9 oz / 1 t d'eau bouillante. Laissez gonfler 10 minutes jusqu'à ce que l'eau soit absorbée. Incorporez le persil.

4 Détachez doucement la viande de l'os, écrasez-la, servez avec le couscous.

Le couscous est fait de semoule de blé. C'est un grand pourvoyeur d'énergie pour votre bébé.

porc aux haricots blancs

Un subtil mélange sucré-salé.

1 c. à s. d'huile d'olive
250 g / 9 oz de filet de porc en morceaux
1 oignon rouge émincé
1 gousse d'ail émincée
400 g / 14 oz de tomates
½ poivron vert épépiné et émincé

400 g / 14 oz de haricots blancs en conserve, rincés et égouttés
4 c. à s. de jus de pomme
1 c. à t. de sauce soja tamari pauvre en sel
2 c. à t. de mélasse

1 Préchauffez le four à 160 °C / 315 °F. Chauffez l'huile dans une poêle sur feu vif et faites revenir le porc pendant 2-3 minutes jusqu'à ce qu'il dore légèrement. Retirez-le puis mettez-le dans un plat qui va au four.

2 Faites revenir l'oignon et l'ail dans la même poêle pendant 2-3 minutes. Ajoutez-les ensuite dans le plat au four avec les autres ingrédients.

3 Faites cuire 50 minutes jusqu'à ce que le porc soit tendre. Retirez du four et écrasez légèrement avec un presse-purée pour obtenir une texture épaisse.

rôti de porc aux pommes

Une poitrine de porc tendre dans une sauce à la pomme… délicieux !

1 c. à s. de moutarde
1 c. à t. de cannelle
1 c. à s. de sirop d'agave
1 kg / 2 lb 4 oz de poitrine de porc
2 pommes pelées évidées et coupées en quartiers
200 g / 7 oz de chou râpé

300 ml / 10½ oz / 1¼ t de bouillon de volaille (sans sel ajouté)
500 g / 1 lb 2 oz de pommes de terre farineuses pelées et coupées en morceaux
2 c. à s. de beurre doux
4 c. à s. de crème fraîche

1 Préchauffez le four à 190 °C / 375 °F. Mélangez la moutarde, la cannelle et le sirop avec 200 ml / 7 oz / ¾ t d'eau. Versez sur le porc entouré des pommes dans un plat à rôtir. Couvrez de papier d'aluminium et mettez 2 heures au four.

2 Portez à ébullition le jus, les pommes et le bouillon dans une casserole. Réduisez le feu et faites cuire 15 minutes. Écrasez les pommes.

3 Montez le four à 220 °C / 425 °F pour cuire le porc encore 15 minutes.

4 Faites cuire les pommes de terre 15 minutes, ajoutez le chou et prolongez la cuisson 2 minutes. Égouttez et écrasez avec le beurre. Servez le porc avec la purée et la sauce aux pommes.

ENVIRON 6 PORTIONS

PRÉPARATION + CUISSON
5 minutes + 2 h 50

CONSERVATION
Laissez refroidir puis couvrez et réfrigérez 2 jours maximum ou congelez jusqu'à 1 mois.

BIENFAITS
Comme les autres crucifères, le chou contient des molécules sulfurées intéressantes qui protègent le foie de votre bébé et favorisent la santé de sa peau, ses cheveux et ses ongles. Le chou contient aussi du calcium (pour des dents et des os en bonne santé), de l'acide folique (pour un bon métabolisme) et de la vitamine C (pour améliorer l'immunité).

080

ENVIRON 4 PORTIONS

PRÉPARATION + CUISSON
10 + 25 minutes

CONSERVATION
Laissez refroidir puis couvrez et réfrigérez 2 jours maximum ou congelez jusqu'à 1 mois.

BIENFAITS
Les crevettes sont une bonne source d'oméga 3, utiles pour le bon fonctionnement cérébral de votre enfant et la santé de toutes ses cellules. Elles contiennent aussi de la vitamine B12, nécessaire pour produire des globules rouges sains (cruciaux pour l'énergie), et du sélénium antioxydant, pour son immunité.

cassolette de fruits de mer

Cette cassolette est délicieuse avec des mouillettes. Elle contient toutefois des crevettes qui peuvent être allergisantes, donc surveillez toute réaction chez votre bébé.

1 c. à s. d'huile d'olive
1 échalote émincée
2 gousses d'ail émincées
2 feuilles de laurier
400 ml / 14 oz / 1¾ t de bouillon de poisson ou de légumes (sans sel ajouté)
½ poivron rouge épépiné et coupé en morceaux

½ c. à t. de paprika
1 pomme de terre pelée et coupée en morceaux
300 g / 10½ oz de filet de poisson blanc sans peau ni arête, coupé en petits morceaux
8 crevettes crues décortiquées
4 tomates en morceaux

1 Chauffez l'huile dans une grande casserole sur feu vif. Faites-y revenir l'échalote, l'ail, le laurier et les tomates 5 minutes. Incorporez le bouillon, le poivron, le paprika et la pomme de terre. Portez à ébullition puis réduisez le feu, couvrez et laissez cuire 15 minutes.

2 Ajoutez le poisson et les crevettes et faites cuire 5 minutes.

3 Retirez le laurier, coupez les crevettes et le poisson et écrasez grossièrement.

soupe de saumon

Cette soupe de poisson crémeuse est un repas tout-en-un parfait pour votre bébé.

ENVIRON 4 PORTIONS

PRÉPARATION + CUISSON
15 + 35 minutes

1 c. à s. d'huile d'olive
1 poireau coupé en rondelles
1 pincée de safran
500 ml / 17 oz / 2 t de bouillon de poisson ou de légumes (sans sel ajouté)
200 g / 7 oz de patates douces pelées et coupées en morceaux
250 g / 9 oz de maïs doux en boîte, rincé et égoutté
300 g / 10½ oz de filets de saumon sans peau ni arête, coupé en petits morceaux
50 g / 1½ oz de jambon à l'os coupé en morceaux
100 ml / 3½ oz / ½ t de crème fraîche épaisse

CONSERVATION
Laissez refroidir puis couvrez et réfrigérez 2 jours maximum ou congelez jusqu'à 1 mois.

BIENFAITS
Le jambon blanc est pauvre en sel et constitue une bonne source de protéines pour les organismes en pleine croissance. Il contient également une bonne quantité de fer, de magnésium, de zinc, de calcium et de vitamines B pour la production d'énergie et le fonctionnement musculaire et nerveux.

1 Faites tremper le safran dans 2 c. à s. d'eau bouillante pendant 10 minutes. Pendant ce temps, chauffez l'huile dans une casserole sur feu vif et ajoutez le poireau. Faites revenir 5 minutes jusqu'à ce qu'il soit tendre.

2 Ajoutez le safran, son eau de trempage, le bouillon et les patates douces. Portez à ébullition puis réduisez le feu, couvrez et faites cuire 10-15 minutes. Ajoutez le maïs. Faites réchauffer.

3 Retirez du feu et mixez pour obtenir une purée épaisse. Remettez sur le feu.

4 Ajoutez le saumon et le jambon et faites cuire 5 minutes. Incorporez la crème, retirez du feu et écrasez avec une fourchette.

ENVIRON 4 PORTIONS

PRÉPARATION + CUISSON
10 + 10 minutes

CONSERVATION
Laissez refroidir puis couvrez et réfrigérez 2 jours maximum ou congelez jusqu'à 1 mois.

BIENFAITS
Délicieux poisson gras, la truite est riche en oméga 3, importants pour la santé du cerveau et du système nerveux. La truite est aussi une bonne source de vitamines B, niacine, B12 et B5, toutes importantes pour la production d'énergie et pour améliorer la santé des neurotransmetteurs dans le cerveau. Utiliser du yaourt dans la sauce fournit des probiotiques (des bactéries « amies ») pour une bonne digestion.

sauté de truite aux amandes

La sauce de cette recette crémeuse et protéinée est parfaite pour y tremper des mouillettes maintenant que votre bébé mange avec les doigts.

125 g / 4½ oz de pousses d'épinards coupées
1 tomate coupée en rondelles
200 g / 7 oz de filet de truite sans peau ni arête
4 c. à t. de jus de citron

4 c. à s. de yaourt nature au lait entier
2 c. à s. de beurre d'amande
1 c. à t. de zeste de citron bio
1 gousse d'ail émincée
1 c. à s. de coriandre ciselée

1 Préchauffez le gril à 200 °C / 400 °F. Mettez les pousses d'épinards et la tomate dans une casserole avec 1 c. à s. d'eau. Faites chauffer à feu doux 2-3 minutes, puis transvasez dans un plat qui va au four.

2 Mettez les filets de truite sur la préparation aux épinards et versez 3 c. à t. de jus de citron. Faites griller 5 minutes, jusqu'à ce que la truite soit bien cuite.

3 Mixez le reste du jus de citron et les autres ingrédients jusqu'à obtention d'une texture onctueuse.

4 Pour servir, émiettez le poisson et mélangez-le avec les légumes. Recouvrez d'une cuillerée de sauce.

poisson à l'orange

Voici un plat au poisson tout simple mais délicieusement acidulé.

250 g / 9 oz de tomates-cerise coupées en deux
4 c. à s. d'huile d'olive
1 échalote émincée
1 gousse d'ail émincée
150 g / 5½ oz de maïs en boîte rincé et égoutté

1 poignée de coriandre ciselée
1 c. à t. de jus de citron
2 x 100 g / 3½ oz de filet de poisson blanc sans peau ni arête
1 orange pelée en tranches
2 c. à s. de jus d'orange frais

1 Préchauffez le four à 200 °C / 400 °F. Mettez les tomates, face tranchée sur le dessus dans un plat qui va au four, versez-y la moitié de l'huile et faites cuire 15 minutes. Laissez refroidir.

2 Chauffez le reste de l'huile dans une casserole sur feu doux et faites revenir l'échalote et l'ail 2-3 minutes. Ajoutez le maïs, la coriandre et le citron. Remettez sur le feu.

3 Mixez les tomates et la préparation au maïs pour obtenir une sauce onctueuse.

4 Préparez deux carrés de papier d'aluminium. Déposez un filet de poisson au centre de chacun puis les tranches d'orange. Versez le jus d'orange dessus.

5 Refermez l'aluminium et faites cuire au four 10-15 minutes puis émiettez et mélangez à la sauce à base de maïs.

ENVIRON 4 PORTIONS

PRÉPARATION + CUISSON
15 + 35 minutes

CONSERVATION
Laissez refroidir puis couvrez et réfrigérez 2 jours maximum ou congelez jusqu'à 1 mois.

BIENFAITS
En plus d'être une excellente source de protéines, le poisson blanc contient une multitude de vitamines B, en particulier de la B12 et de la B6, importantes pour le cerveau, le système nerveux et la production d'énergie. Le poisson blanc est aussi riche en minéraux essentiels comme le fer, le phosphore, le sélénium et l'iode. Le sélénium et l'iode favorisent le bon fonctionnement de la thyroïde et du système immunitaire, stimulent le métabolisme et préviennent les infections.

084

ENVIRON 6 PORTIONS

PRÉPARATION + CUISSON
15 + 35 minutes

CONSERVATION
Laissez refroidir puis couvrez et réfrigérez 2 jours maximum ou congelez jusqu'à 1 mois.

BIENFAITS
Excellente source de zinc, de fer, et de folate parmi d'autres vitamines du groupe B, les lentilles du Puy constituent un super-aliment pour le cerveau de votre bébé. Elles sont également riches en protéines et en fibres, ce qui les rend particulièrement utiles pour réguler le taux de sucre sanguin et produire de l'énergie tout au long de la journée.

purée de haddock au curry et lentilles du Puy

Le poisson fumé et la touche de curry donnent mille saveurs à ce plat exceptionnel.

300 g / 10½ oz de pommes de terre pelées et coupées en morceaux
1 c. à s. d'huile d'olive
1 échalote émincée
1 gousse d'ail émincée
150 g / 5½ oz / ¾ t de lentilles du Puy rincées

450 ml / 16 oz / 2 t de bouillon de légumes (sans sel ajouté)
1 c. à t. de pâte de curry
300 g / 10½ oz de haddock sans peau ni arête, coupé en morceaux
4 c. à s. de crème fraîche
1 c. à s. de persil ciselé

1 Faites cuire les pommes de terre dans l'eau bouillante 10-15 minutes. Égouttez et réservez.
2 Chauffez l'huile dans une casserole et faites revenir l'échalote et l'ail 2-3 minutes. Ajoutez les lentilles, le bouillon, la pâte de curry et portez à ébullition. Réduisez le feu, couvrez et faites cuire 25 minutes.
3 Pochez le haddock 5 minutes puis ajoutez-le aux pommes de terre avec la crème fraîche.
4 Incorporez les lentilles et le persil et écrasez avec une fourchette.

aubergines japonaises et crevettes

Servez ce plat parfumé accompagné de riz gluant.

1 aubergine coupée en morceaux
1 c. à t. de gingembre pelé et râpé
1 pincée de piment rouge
1 gousse d'ail émincée

1 c. à t. de sauce soja tamari pauvre en sel
1 c. à s. de coriandre ciselée
30 g / 1 oz de beurre doux fondu
1 c. à t. d'huile de sésame
16 crevettes crues décortiquées

1 Mettez l'aubergine dans une grande poêle antiadhésive avec le gingembre, le piment, l'ail, le tamari et la coriandre. Versez 200 ml / 7 oz / 1 t d'eau, le beurre fondu et l'huile de sésame.

2 Couvrez la poêle. Portez à ébullition, réduisez le feu et faites cuire 15 minutes.

3 Retirez le couvercle, mélangez la préparation, puis ajoutez les crevettes. Recouvrez et faites cuire 5 minutes.

4 Découvrez et faites réduire 2 minutes jusqu'à obtenir un épais nappage.

5 Pour servir, coupez les crevettes en morceaux et écrasez l'aubergine.

ENVIRON 4 PORTIONS

PRÉPARATION + CUISSON
10 + 25 minutes

CONSERVATION
Laissez refroidir puis couvrez et réfrigérez 2 jours maximum ou congelez jusqu'à 1 mois.

BIENFAITS
Les aubergines contiennent une multitude de phytonutriments, notamment de l'anthocyane nasunine, un puissant antioxydant susceptible de protéger les graisses des membranes cellulaires en évitant les dommages des radicaux libres. L'aubergine contient également des phénols comme l'acide chlorogénique, qui possède des propriétés antimicrobiennes et antivirales, stimulant ainsi l'immunité de votre bébé.

086

pâtes à la tomate, aux herbes et au fromage de chèvre

Le fromage de chèvre se marie superbement aux poivrons grillés et aux tomates.

200 g / 7 oz de pâtes (coquillettes ou macaroni)	**4 tomates en morceaux**
1 c. à s. d'huile d'olive	**2 poivrons rouges grillés en conserve**
1 gousse d'ail émincée	**150 g / 5½ oz de fromage de chèvre émietté**
2 c. à s. de basilic ciselé	

1 Faites cuire les pâtes selon les instructions sur le paquet puis égouttez et remettez-les dans la casserole. Réservez.

2 Pendant ce temps, faites chauffer l'huile dans une casserole sur feu vif. Ajoutez l'ail, le basilic, les tomates et les poivrons rouges et faites revenir 2-3 minutes en remuant de temps en temps jusqu'à ce que les tomates aient rendu leur jus. Portez à ébullition, réduisez le feu, couvrez et faites cuire 5 minutes à feu doux. Retirez du feu. Mixez le tout en ajoutant un peu d'eau bouillante pour obtenir une sauce épaisse.

3 Versez la sauce dans la casserole avec les pâtes et le fromage de chèvre. Faites fondre à feu doux.

gâteaux à l'œuf et au chou

Cette purée se sert sous forme de petits gâteaux qui encouragent Bébé à manger seul. Si vous ne lui avez pas encore donné d'œuf, commencez par le jaune, moins allergisant que le blanc.

ENVIRON 4 PORTIONS

PRÉPARATION + CUISSON
15 + 20 minutes

CONSERVATION
Laissez refroidir puis couvrez et réfrigérez 2 jours maximum ou congelez jusqu'à 1 mois.

BIENFAITS
Les œufs font partie des meilleurs aliments. Ils sont truffés de protéines, de vitamines B, de sélénium, d'iode et de fer. Ils contiennent aussi de la choline, un composant clé des cellules nerveuses, utilisée pour produire l'acétylcholine, neurotransmetteur de la mémoire.

350 g / 12 oz de pommes de terre pelées et coupées en morceaux	150 g / 5½ oz de chou cuit émincé
1 œuf	Poivre noir fraîchement moulu
40 g / 1½ oz de beurre doux	3 c. à s. de farine
	1 c. à s d'huile d'olive

1 Cuisez les pommes de terre dans une casserole d'eau bouillante pendant 10-15 minutes. Égouttez-les.

2 Ajoutez l'œuf, ou juste le jaune, aux pommes de terre avec 30 g / 1 oz de beurre. Écrasez jusqu'à obtention d'une texture onctueuse.

3 Mélangez le chou cuit à la purée et poivrez. Laissez refroidir puis formez quatre petits gâteaux.

4 Versez la farine dans une assiette et enrobez-en chaque gâteau. Chauffez l'huile dans une casserole sur feu vif et faites dorer chaque gâteau 2-3 minutes de chaque côté.

*mélange sicilien aux légumes

BIENFAITS

L'anchois est un fantastique poisson gras, riche en oméga 3 dont votre bébé a besoin pour le bon état de ses membranes cellulaires et de son cerveau. Il est également une bonne source de calcium, de fer, de phosphore et de sélénium antioxydants. Les tomates contiennent du lycopène, autre antioxydant qui protège la peau des rayons nocifs du soleil.

Cette purée apporte des phytonutriments qui stimulent la digestion de votre bébé, notamment avec ses aubergines riches en fibres et ses poivrons qui renferment des enzymes anticolique.

ENVIRON 4 PORTIONS

PRÉPARATION + CUISSON
15 + 45 minutes

CONSERVATION
Laissez refroidir puis couvrez et réfrigérez 2 jours maximum ou congelez jusqu'à 1 mois.

2 aubergines coupées en morceaux
4 c. à s. d'huile d'olive
1 oignon rouge émincé
1 poivron rouge épépiné et coupé en petits morceaux
1 branche de céleri coupée en petits morceaux
3 c. à s. de vinaigre blanc

1 c. à s. de purée de tomate
1 c. à s. de câpres rincées
8 olives vertes égouttées, rincées, dénoyautées et coupées
1 c. à s de raisins secs
1 filet d'anchois dessalé
400 g / 14 oz de tomates
1 gousse d'ail émincée

1 Préchauffez le four à 200 °C / 400 °F. Mettez les aubergines dans un plat qui va au four et versez-y 3 c. à s. d'huile. Faites cuire 20 minutes jusqu'à ce qu'elles soient dorées.
2 Chauffez le reste de l'huile dans une casserole à feu vif. Ajoutez l'oignon, le poivron et le céleri et faites cuire 5 minutes, jusqu'à ce que les légumes commencent à s'attendrir. Ajoutez les autres ingrédients et les aubergines. Portez à ébullition puis réduisez le feu et faites cuire à découvert 10-15 minutes jusqu'à ce que la sauce soit épaisse et les légumes vraiment tendres.
3 Retirez du feu et mixez pour obtenir une purée épaisse ou écrasez à la fourchette si vous préférez.

Servez ce plat avec des morceaux de pain frais ou des toasts pour inciter Bébé à manger seul.

680

PRÉPARATION + CUISSON
10 + 14 minutes

CONSERVATION
Laissez refroidir puis couvrez et
réfrigérez 2 jours maximum ou
congelez jusqu'à 1 mois.

BIENFAITS
Les marrons fournissent une
excellente source de protéines
et de bons acides gras pour
satisfaire l'appétit de votre bébé
et lui fournir le plein d'énergie.
Les marrons et le persil contiennent de la vitamine C pour
l'immunité et le persil contient de
l'acide folique, important pour le
cerveau et le système nerveux.

pâtes aux champignons et aux marrons

Les marrons sont parmi les fruits à coques
les moins allergisants. Vous pouvez donc
commencer par ceux-là.

200 g / 7 oz de pâtes, type
    coquillettes ou torsades
½ c. à s. de beurre doux
1 c. à s. d'huile d'olive
1 échalote émincée
1 gousse d'ail émincée
100 ml / 3½ oz / ½ t de jus
    de pomme

75 g / 2½ oz de champignons
    de Paris coupés en petits
    morceaux
75 g / 2½ oz de marrons cuits
    coupés en morceaux
3 c. à s. de crème liquide
1 c. à s. de persil ciselé

1 Faites cuire les pâtes puis égouttez-les. Écrasez-les
légèrement avec le dos d'une fourchette.

2 Chauffez le beurre et l'huile dans une casserole sur feu
vif. Faites revenir l'échalote et l'ail pendant 2-3 minutes.
Ajoutez les champignons et les marrons et versez le jus
de pomme. Portez à ébullition, réduisez le feu et faites
cuire à découvert 5 minutes. Versez la crème et laissez-la
épaissir 3-4 minutes. Retirez du feu et mixez pour obtenir
une sauce onctueuse.

3 Ajoutez les pâtes à la sauce et parsemez de persil.

risotto à la courgette, aux pois et à la menthe

Doux, crémeux et facile à digérer, le risotto est LE plat pour bébés. Celui-ci est à cuire au four.

1 c. à s. d'huile d'olive
1 petit oignon émincé
250 g / 9 oz / 1 t de riz à risotto
1 l / 35 oz / 4 t de bouillon de légumes (sans sel ajouté)
Le zeste râpé de 1 citron bio

2 courgettes tranchées finement
150 g / 5½ oz / 1 t de petits pois congelés
30 g / 1 oz de beurre doux
2 c. à s. de menthe ciselée
2 c. à s. de mascarpone

1 Préchauffez le four à 200 °C / 400 °F. Faites chauffer l'huile dans une grande casserole (qui va au four) à feu moyen et faites revenir l'oignon pendant 2-3 minutes. Incorporez le riz, le bouillon, le zeste de citron et les courgettes. Portez à ébullition puis réduisez le feu. Couvrez la casserole et mettez-la au four.

2 Faites cuire 20 minutes puis retirez du four, ajoutez les pois et remettez le tout au four à découvert pour 10 minutes.

3 Incorporez le beurre, la menthe et le mascarpone et mélangez bien jusqu'à ce que le tout soit lisse et crémeux.

ENVIRON 6 PORTIONS

PRÉPARATION + CUISSON
15 + 35 minutes

CONSERVATION
Laissez refroidir puis couvrez et réfrigérez 2 jours maximum ou congelez jusqu'à 1 mois.

BIENFAITS
La menthe est bien connue pour son effet digestif. Elle est particulièrement bonne pour soulager les gaz, les indigestions et les spasmes musculaires associés aux crampes d'estomac et à la colique.

091

petits pots à la citrouille

La citrouille s'associe parfaitement à la pomme et aux épices pour faire un dessert sucré.

1 pomme pelée évidée et coupée en morceaux
2 c. à s. de Maïzena
250 ml / 9 oz / 1 t de lait concentré
4 c. à s. de sirop d'agave
1 c. à t. de cannelle en poudre
1 pincée de gingembre moulu
1 pincée de clous de girofle moulus
2 œufs
150 g / 5½ oz / ⅔ t de purée de citrouille

1 Mettez les morceaux de pomme dans une petite casserole avec 2 c. à s. d'eau. Portez à ébullition, réduisez le feu, couvrez et faites cuire 5 minutes. Réservez.

2 Dans un bol, mélangez la Maïzena et un peu du lait concentré pour obtenir une pâte puis fouettez en ajoutant le reste du lait, l'agave et les épices. Versez dans une casserole, portez à ébullition, réduisez le feu et faites cuire à découvert 2 minutes puis éteignez le feu.

3 Fouettez les œufs dans un bol. Ajoutez la préparation au lait en battant vigoureusement. Versez ensuite dans la poêle et faites cuire sur feu moyen 3-4 minutes en remuant.

4 Mixez la sauce, la purée de citrouille et la pomme, mettez ce dessert dans quatre bols et réfrigérez 1 heure le temps qu'il prenne.

riz au lait rubis

Ce gâteau de riz rosé est parsemé de baies juteuses et aromatisé à l'eau de rose. Le riz à risotto lui donne une texture crémeuse mais vous pouvez utiliser du riz rond à la place.

500 ml / 17 oz / 2 t de lait entier ou de lait de soja
1 c. à s. de sirop d'agave
60 g / 2¼ oz / ¼ t de riz à risotto
1 c. à t. d'eau de rose

60 g / 2¼ oz / ½ t d'amandes moulues
150 g / 5½ oz / 1 t de mélange de baies fraîches ou décongelées

1 Mettez le lait, l'agave et le riz dans une casserole. Portez à ébullition puis réduisez le feu, couvrez et faites cuire 30 minutes, jusqu'à ce que le riz soit tendre.
2 Éteignez le feu, incorporez les amandes et réservez.
3 Mixez les baies avec l'eau de rose pour obtenir une purée consistante. Incorporez-la au riz et réchauffez si nécessaire avant de servir.

ENVIRON 4 PORTIONS

PRÉPARATION + CUISSON
15 + 30 minutes

CONSERVATION
Laissez refroidir puis couvrez et réfrigérez 3 jours maximum ou congelez jusqu'à 1 mois.

BIENFAITS
Le sirop d'agave est un édulcorant naturel issu du cactus agave mexicain. C'est une excellente alternative au miel, déconseillé aux enfants en dessous de 12 mois. L'agave a un index glycémique plus faible que beaucoup d'autres édulcorants, mais votre bébé ne doit en consommer que de petites quantités. Les amandes moulues augmentent le contenu de ce dessert en protéines et fournissent du calcium et du magnésium en plus pour les os du bébé.

BIENFAITS

Les baies de goji sont un véritable concentré de nutriments car elles contiennent tous les acides aminés essentiels pour une croissance et un développement optimaux. Elles fournissent aussi des minéraux comme le zinc, le fer et le sélénium pour l'immunité, le bêta-carotène pour la vision et des vitamines B pour l'énergie.

*dessert banane-goji

Ce délicieux dessert aux fruits d'un rouge écarlate est un véritable réservoir d'antioxydants : les baies de goji, le kaki et la banane écrasée renforcent les défenses immunitaires de votre bébé, protégeant sa santé à court et long terme. Vous pouvez aussi le proposer à votre enfant en guise de petit déjeuner.

ENVIRON 4 PORTIONS

PRÉPARATION
10 minutes + trempage

CONSERVATION
Meilleur consommé immédiatement, mais vous pouvez le conserver 1 journée au réfrigérateur. Ne pas congeler.

75 g / 2½ oz de baies de goji
2 dattes dénoyautées et coupées en morceaux
2 bananes pelées et coupées en morceaux
2 kakis pelés et coupés en morceaux
1 c. à s. de granulés de lécithine de soja (facultatif)

1 Recouvrez les baies de goji d'eau et faites les tremper 1 heure, puis égouttez-les en conservant le liquide de trempage.

2 Mixez les baies de goji, les dattes, les bananes et le kaki jusqu'à obtention d'une texture lisse. Ajoutez si vous le souhaitez les granulés de lécithine de soja et mixez de nouveau. Si la préparation est trop épaisse, ajoutez un peu du liquide de trempage et mélangez bien.

Les granulés de lécithine de soja aident l'organisme de votre bébé à digérer les graisses plus facilement.

pain aux pêches

Un dessert à base de pêches, de pain et de beurre, parfait pour encourager Bébé à mâcher.

4 pêches séchées
4 tranches épaisses de pain complet ou semi-complet
50 g / 1¾ oz de beurre doux
2 pêches pelées dénoyautées et coupées en morceaux
1 c. à s. de Maïzena

300 ml / 10½ oz / 1¼ t de lait entier
2 œufs
1 pincée de cannelle
150 ml / 5 oz / ⅔ t de crème fraîche épaisse

1 Préchauffez le four à 180 °C / 350 °F. Faites tremper les pêches séchées dans l'eau 15 minutes, égouttez-les, puis mixez-les avec un peu d'eau de trempage pour obtenir une pâte épaisse. Étalez le beurre sur le pain puis mettez la purée de pêches séchées en guise de confiture.
2 Disposez ces tranches de pain dans un plat qui va au four et parsemez des morceaux de pêche fraîche.
3 Mélangez la Maïzena avec un peu de lait pour former une pâte. Fouettez le reste de lait avec les autres ingrédients. Versez la préparation sur le pain et les pêches.
4 Faites cuire au four 30-40 minutes jusqu'à ce que la préparation aux œufs ait pris et que le pain soit doré. Écrasez avec une fourchette si nécessaire.

flans à la fraise

Voici un dessert estival multicouches peu sucré. Essayez de garder des morceaux de fruits dans la préparation.

250 ml / 9 oz / 1 t de lait entier
2 jaunes d'œufs
1 c. à s. de Maïzena
1 c. à s. de sirop d'agave

1 c. à t. d'extrait de vanille
350 g / 12 oz de fraises équeutées et coupées en morceaux
100 g / 3½ oz / ½ t de mascarpone

1 Mettez le lait dans une petite casserole sur feu moyen. Lorsqu'il commence à bouillir, réduisez le feu et laissez cuire en remuant 2-3 minutes.

2 Dans un bol, mélangez les jaunes d'œufs, la Maïzena, le sirop d'agave, l'extrait de vanille et le lait.

3 Versez la crème dans la casserole et faites chauffer à feu doux en remuant. Portez à ébullition puis réduisez le feu et laissez épaissir à découvert 5 minutes. Retirez et réservez. À part, écrasez la moitié des fraises pour en faire une sauce.

4 Une fois la crème froide, mélangez-y le mascarpone pour obtenir une texture onctueuse. Répartissez la moitié de la préparation dans quatre bols, mettez dessus les fraises en morceaux et utilisez la moitié de la sauce pour en verser un peu sur chaque portion. Recouvrez de crème puis de sauce. Placez 1 heure au réfrigérateur.

ENVIRON 4 PORTIONS

PRÉPARATION + CUISSON
15 + 10 minutes + réfrigération

CONSERVATION
Une fois refroidi, couvrez et réfrigérez 2 jours maximum. Ne pas congeler.

BIENFAITS
Les fraises, comme d'autres baies, sont riches en vitamine C qui renforce les vaisseaux sanguins et favorise la production de collagène, dont Bébé a besoin pour sa peau, ses os et ses articulations. Elles contiennent aussi de l'acide ellagique qui protège les cellules des effets néfastes des radicaux libres.

prunes pochées au gingembre

Votre bébé va adorer explorer les saveurs des épices de ce dessert léger et parfumé.

ENVIRON 4 PORTIONS

PRÉPARATION + CUISSON
8 + 30 minutes

CONSERVATION
Laissez refroidir puis couvrez et réfrigérez 3 jours maximum ou congelez jusqu'à 1 mois.

BIENFAITS
La cannelle est une épice chaude qui aide à stabiliser les niveaux de sucre dans le sang pour éviter les baisses d'énergie au cours de la journée. Elle présente des propriétés antibactériennes et antifongiques favorisant l'immunité. Elle contient également du manganèse, un nutriment dont votre bébé a besoin pour une bonne formation de ses cellules nerveuses et de ses os.

1 anis étoilé (badiane)
1 bâton de cannelle
1 gousse de vanille
400 ml / 14 oz / 1¾ t de jus de pomme

1 c. à s. de gingembre pelé et coupé en morceaux
4 prunes pelées coupées et dénoyautées

1 Mettez tous les ingrédients à l'exception des prunes dans une casserole et portez à ébullition. Réduisez le feu et cuisez à découvert 10 minutes.

2 Ajoutez les prunes, couvrez et faites cuire encore 10 minutes. Retirez-les et réservez. Augmentez la chaleur pour porter le jus de pomme à ébullition. Faites bouillir 5 minutes jusqu'à ce que le liquide ait réduit de moitié. Filtrez le jus pour ôter les épices.

3 Répartissez les prunes dans quatre bols et versez un quart du sirop au jus de pomme sur chacun.

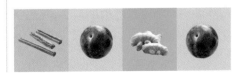

crumble aux abricots et à la noix de coco

Un mélange de noix riches en nutriments et des abricots pour un dessert croustillant rehaussé d'un nappage sucré.

Nappage :
100 g / 3½ oz / ⅔ t de noix du Brésil
60 g / 2¼ oz de noix de coco râpée
75 g / 2½ oz / ½ t d'abricots secs non traités

2 c. à s. de lait de coco
1 c. à t. d'extrait de vanille
Garniture :
6 abricots frais dénoyautés et coupés en morceaux
6 abricots secs non traités coupés en morceaux

1 Préchauffez le four à 200 °C / 400 °F. Pour préparer le nappage, mixez les noix du Brésil et la noix de coco jusqu'à obtenir une poudre pas trop fine. Ajoutez les autres ingrédients et mixez pour obtenir un mélange homogène et épais.

2 Pour préparer la garniture, mixez les abricots frais et secs pour obtenir une purée épaisse. Transvasez la purée de fruits dans un plat qui va au four avec 2 c. à s. d'eau. Disposez le nappage sur les fruits en pressant légèrement avec le dos d'une cuillère.

3 Faites cuire 15-20 minutes au four jusqu'à ce que la garniture bouillonne et que le nappage soit doré.

ENVIRON 4 PORTIONS

PRÉPARATION + CUISSON
15 + 20 minutes

CONSERVATION
Laissez refroidir puis couvrez et réfrigérez 3 jours maximum ou congelez jusqu'à 1 mois.

BIENFAITS
Les noix du Brésil sont une excellente source de protéines complètes (voir p. 12) nécessaires à la croissance de votre enfant. Elles sont aussi particulièrement riches en sélénium, qui stimule l'immunité et participe à la fabrication des anticorps pour protéger votre bébé contre les maladies infantiles.

*mousse fruitée glacée

BIENFAITS

Les framboises riches en fer sont une aide fantastique pour le sang qui doit transporter l'oxygène dans tout l'organisme. Ce fer joue aussi un rôle dans le maintien de l'énergie. Les framboises peuvent par ailleurs agir comme légers laxatifs si votre bébé souffre de constipation. Quant aux noix de macadamia, elles sont riches en acides gras insaturés ainsi qu'en vitamines B, en sélénium et en zinc antioxydants.

À l'approche du premier anniversaire de votre bébé, vous pouvez lui faire essayer cette glace. Le jus de grenade contient encore plus d'antioxydants que la canneberge, les bleuets ou le jus d'orange, et en fait une aide incroyable pour le système immunitaire de Bébé et sa santé cardiaque.

ENVIRON 8 PORTIONS

PRÉPARATION
10 minutes + trempage + congélation

CONSERVATION
Gardez au congélateur jusqu'à 3 mois.

450 g / 1 lb / 2 t de noix de macadamia
2 c. à s. d'extrait de vanille
120 g / 4½ oz / 1 t de framboises
Le jus de 1 citron

125 ml / 4 oz / ½ t de sirop d'agave
500 ml / 17 oz / 2 t de jus de grenade

1 Mixez tous les ingrédients jusqu'à obtention d'une texture onctueuse et crémeuse.

2 Versez la préparation dans un récipient adéquat et mettez au congélateur au moins 2-3 heures (il faut qu'elle soit ferme). Retirez la mousse glacée du congélateur 15 minutes avant de servir pour qu'elle s'assouplisse un peu.

Vous pouvez transvaser cette préparation dans des moules en forme de sucette ou dans des ramequins pour faire des glaces individuelles.

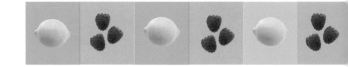

crème à la mangue et à la cerise

L'onctuosité de ce dessert sans produits
laitiers provient de ses délicieuses noix
de macadamia. Riches en protéines et en
bons acides gras, elles sont suffisamment
nourrissantes pour faire de cette crème un
solide petit déjeuner si vous préférez l'utiliser
comme tel.

70 g / 2½ oz / ⅓ t de noix de
   macadamia
3 c. à s. de lait de coco
Le jus et le zeste de ½ citron
1 c. à t. d'extrait de vanille
2 c. à t. de granulés de lécithine de soja (facultatif)

Le jus de 1 orange
1 c. à s. de sirop d'agave
75 g / 2½ oz / ⅓ t de cerises
   dénoyautées et coupées
   en morceaux
½ mangue pelée dénoyautée
   et coupée en morceaux

1 Mixez tous les ingrédients jusqu'à obtention d'une
texture onctueuse et crémeuse.

2 Répartissez dans quatre bols et décorez avec quelques
cerises. Réfrigérez 30 minutes avant de servir.

petits pots poire-chocolat et amandes

Un dessert sain au chocolat qui va être un succès autant auprès des bébés que des parents ! Utilisez du chocolat noir à 70 % de cacao.

ENVIRON 4 PORTIONS

PRÉPARATION + CUISSON
15 + 3 minutes + réfrigération

CONSERVATION
Couvrez et réfrigérez 3 jours maximum ou congelez jusqu'à 1 mois.

70 g / 2½ oz / ½ t d'amandes
6 dattes séchées dénoyautées
100 g / 3½ oz de chocolat en morceaux

2 poires très mûres, pelées, évidées et coupées en morceaux

BIENFAITS
Le chocolat contient beaucoup d'antioxydants. Il est particulièrement riche en magnésium, dont votre bébé a besoin pour un fonctionnement musculaire et nerveux optimal, et possède un effet calmant. Le cacao apporte aussi du tryptophane, un acide aminé qui équilibre l'humeur, et de l'arginine, utile pour fabriquer la masse musculaire.

1 Mixez les amandes et les dattes avec 250 ml / 9 oz / 1 t d'eau jusqu'à ce que la préparation forme une consistance épaisse. Passez au chinois et versez dans une casserole.

2 Ajoutez le chocolat et faites chauffer sur feu très doux pendant 2-3 minutes, juste pour faire fondre le chocolat. Mélangez bien, puis retirez du feu.

3 Mixez les poires pour obtenir une texture onctueuse. Ajoutez un peu d'eau pour alléger si nécessaire.

4 Répartissez le chocolat dans quatre bols, puis disposez une cuillerée de compote de poire sur chacun d'eux. Placez au réfrigérateur au moins 1 heure avant de servir.

index